Introduzione

Dinanzi alle opere di Cézanne si rimane sbalorditi dalla forte presenza degli oggetti rappresentati. Il particolare utilizzo dei colori modella le forme e dona agli oggetti particolare vigore e concretezza, anche quando la scena appare priva di profondità prospettica. Cézanne, infatti, introduce una concezione della prospettiva assolutamente nuova rispetto ai canoni tradizionali. Le nature morte di frutti o oggetti sono osservate da diversi punti di vista, assumendo un volume evidente e concreto. L'artista non imita semplicemente la natura degli oggetti, ma li analizza e li scompone nelle loro forme elementari, per costruire una realtà autonoma retta da legge puramente artistica, principio alla base di tutti gli sviluppi della pittura moderna. Questi, insieme a tanti altri, sono i motivi che rendono Paul Cézanne un gigante nella storia della pittura occidentale.

La Maddalena

Il maestro di tutte le avanguardie, malgrado sé stesso. L'uomo che viveva aggrappato alla pittura sotto l'urto delle sue sensazioni. Il maestro dalle certezze straordinariamente in crisi, costantemente. Tutto questo è Paul Cézanne. Il grande segreto di Cézanne è stato consegnato dai suoi grandi silenzi alle grandi avanguardie del XX secolo, lo stesso secolo che lo vede morire nei primissimi anni del suo inizio. Essenzialmente tutta la sua vicenda è consegnata a quello che sarà il Cubismo, ma anche a quello che sarà il grande perdersi dei pittori nella sua grande lezione silenziosa. Tutto in realtà ha un inizio ed è un inizio nella terra del sud, Aix-en-Provence, dove nasce nel 1839. Il pittore nasce da una famiglia di origine piemontese. Il padre era un cappellaio e in seguito banchiere e gli impedisce di dipingere. Tuttavia Cézanne ha vicino un grande amico, che diventerà molto importante per la cultura internazionale, Zola. Con quest'ultimo cerca di sfuggire al destino che il padre vuole affidargli, che è quello di entrare in banca. Appena ventenne il pittore inizia a dipingere e consegnare i primi capolavori, come la Maddalena. Cézanne, in questo quadro, dichiara in modo poetico, espressivo - direi con una grande forza e una pasta alta con una materia densa e viscosa di un nero che si perde e che ha soltanto dei momenti di galleggiamento luminoso - il suo amore per ciò che ha visto nei suoi viaggi a Parigi tra il 1861 e il 1863. Sono anni di assoluto assorbimento dei grandi maestri del passato, vedendo nel Louvre il suo vangelo, e unisce un chiaroscuro assolutamente in contrasto come la veste o con il teschio rovesciato su cui la Maddalena androgina, in qualche modo, galleggia su forme bianche. Così come le vesti che si amalgamano, in qualche modo, con il nero, iniziando a resistere alla contro prospettiva del buio. Questi sono inni di amore al suo Caravaggismo, sono inni di amore per la scoperta non solo di Caravaggio, ma anche di Honoré Daumier, che in questi anni scopre insieme agli altri grandi maestri classici. Forse, però, queste anime galleggianti, i bianchi e i neri che sprofondano ogni possibilità di prospettiva corrispondono al sorriso delle teste di morto di Verlain, che lui sicuramente conosce, ma soprattutto a dei curiosi sogni letterari, poetici. Si tratta della sua prima vera passione mandata all'amico Zola: "Fu durante la notte, badate notte nera, quando in cielo nessuna stella splendente c'era. Notte profonda, dunque, di un inchiostro compatto. Quando sicuro avvenne questo lugubre fatto".

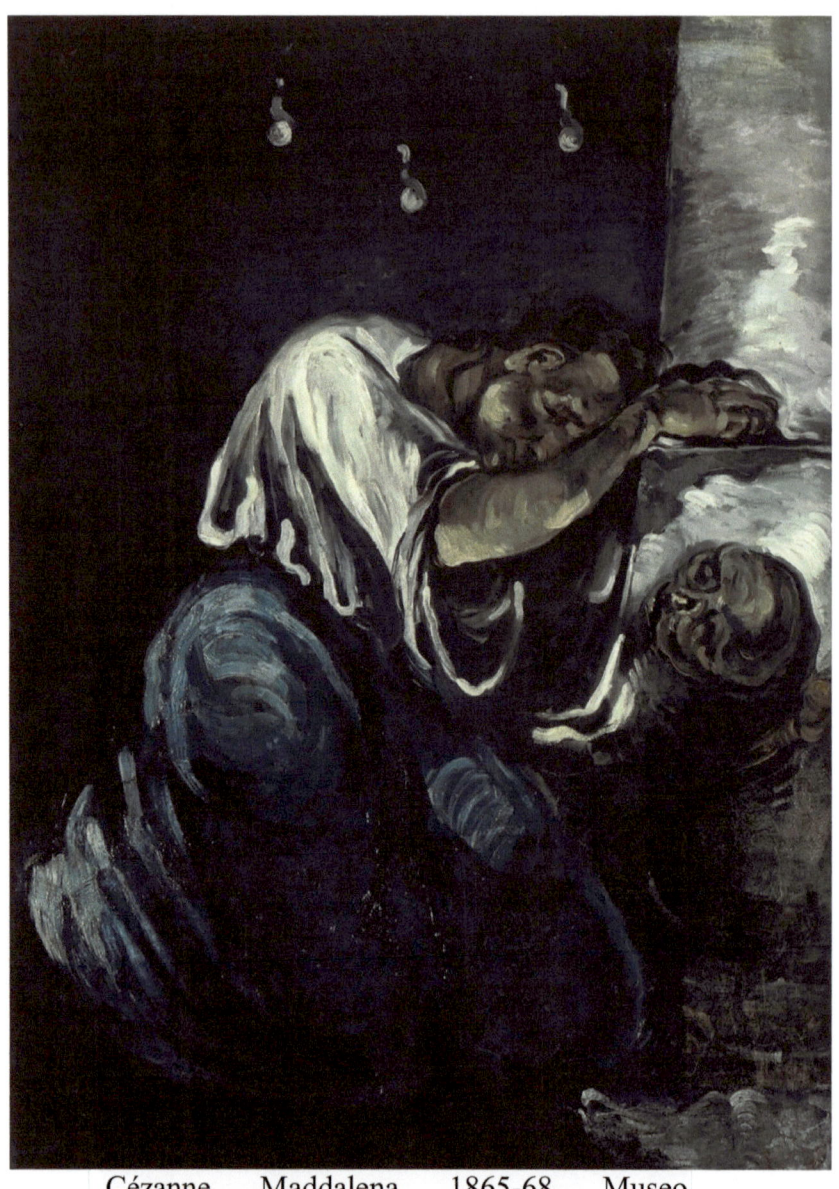

Cézanne, Maddalena, 1865-68, Museo d'Orsay, Parigi.

Punti salienti

Paul Cézanne nasce da una famiglia borghese di Aix-en-Provence, nel 1839. In collegio stringe una duratura amicizia con Zola. Per volontà paterna, a 19 anni, si iscrive alla facoltà di legge, che abbandona poco dopo per avviare la carriera di pittore a Parigi. Nella capitale vede il celebre Salon des refusés del 1863. Qui conosce la cerchia dei giovani pittori che daranno vita all'Impressionismo, legandosi in particolare a Pissarro. Nel frattempo, copia al Louvre, i classici della pittura veneta e spagnola e subisce il fascino dei lavori di Delacroix e Courbet. Il suo esordio pittorico è caratterizzato da opere con toni cupi e dall'esasperato romanticismo. Dagli anni '70, inizia a dipingere paesaggi all'aria aperta alla maniera degli impressionisti, schiarendo la sua tavolozza e avvicinandosi alla visione di Pissarro. In questo periodo dipinge la Casa dell'impiccato, opere pienamente impressionista per l'immediatezza della visione, ma con una solidità e un equilibrio compositivo assenti nelle opere dei suoi colleghi. Partecipa alla prima e alla terza mostra degli impressionisti, ma nel 1886, amareggiato dalla critica e ormai distante da questo movimento, Cézanne fa definitivo ritorno in Provenza, dove per 20 anni conduce una vita solitaria e votata alla pittura. Lavora instancabilmente sugli stessi temi, come le visioni dell'amata montagna Sainte Victoire, le nature morte o le serie delle Grandi Bagnanti. Nell'ottobre nel 1906, mentre dipinge en plain air, viene sorpreso da un temporale e, ammalatosi gravemente, muori pochi giorni dopo a 67 anni.

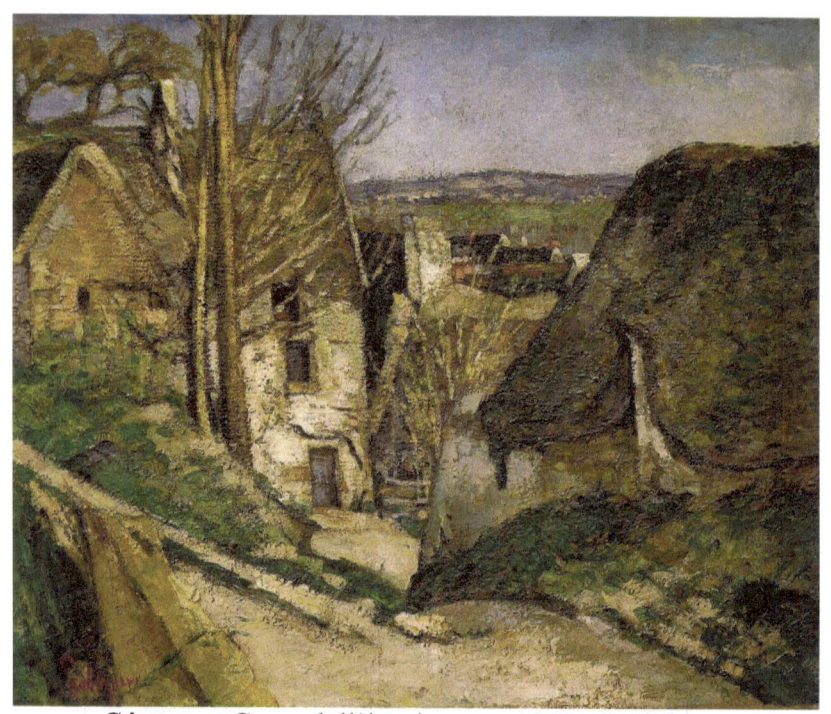

Cézanne, Casa dell'impiccato, 1873, Parigi, Museo d'Orsay. Il dipinto venne esposto insieme ad altre due tele dell'artista, alla prima mostra degli impressionisti, tenutasi a Parigi dal 15 aprile al 15 maggio 1874 nella galleria del fotografo Nadar. La mostra, com'è noto, fu accolta da un diluvio di commenti ilari e denigratori, sia di pubblico sia di critica: quest'impietosa ondata di dissenso, se sotto un certo punto di vista disilluse e scoraggiò moltissimi potenziali acquirenti, non coinvolse il conte Armando Doria, che acquistò *La casa dell'impiccato* al prezzo di 300 franchi. L'opera, esposta all'Esposizione mondiale di Parigi nel 1889, nel 1986 è pervenuta alle collezioni del Museo d'Orsay di Parigi, dov'è esposta tuttora. *La casa dell'impiccato, Auvers-Sur-Oise*, di là dal titolo inquietante e romanzesco, raffigura uno scorcio dell'omonimo paese, quasi incastonato nel cuneo fra le due grandi case campestri in primo piano. Dal punto di vista contenutistico *La casa dell'impiccato* si configura, infatti, come un semplice dipinto di tema paesaggistico: in primo piano troviamo un sentiero delimitato da un muricciolo e abbarbicato su un declivio scosceso, il quale conduce lo sguardo dell'osservatore verso alcuni caseggiati di Auvers, fiancheggiati da un colle verdeggiante e dagli scheletri nudi di alcuni alberi che divampano verso il cielo. In fondo, infine, si dipana una vallata che, perdendo di intensità, si fa quasi celeste congiungendosi con l'orizzonte, accarezzato da una calda luce pomeridiana. Quel che più colpisce, tuttavia, è la tecnica con la quale Cézanne ha eseguito *La casa dell'impiccato*. Si tratta di un'opera indubbiamente condotta alla maniera degli impressionisti: Cézanne, seguendo i consigli del maestro Camille Pissarro, ha infatti realizzato la tela *en plein air*, ovvero all'aria aperta, dipingendo un soggetto apparentemente banale - quale è lo scorcio naturalistico di una città francese - con pennellate luminose che evocano in maniera ottimale la sensazione dell'occhio. Già in questo dipinto, tuttavia, Cézanne si avventura in strade estranee all'Impressionismo che poi condurranno al suo stile costruttivo della maturità: rifiutando la sola impressione visiva, invero, il pittore provenzale rinuncia a scandagliare otticamente il reale per catturare l'apparenza effimera delle cose e sceglie piuttosto un percorso percettivo diverso, finalizzato a indagare la consistenza concreta della realtà di là dalle apparenze testimoniateci dai sensi. È per questo motivo, ad esempio, che Cézanne presta maggiore attenzione alla plasticità delle forme, scandendo in maniera rigorosa e precisa lo spazio pittorico grazie alle spinte verticali delle alberature e alle forme orizzontali dei tetti delle case. Interessanti anche le pennellate, chiare, frammentate e poco diluite con l'olio, il che comporta una superficie materica, granulosa, che - rispetto agli Impressionisti - definisce in maniera più marcata le varie volumetrie presenti.

Natura morta con vaso, caffettiera e frutta

Cézanne è uno strano frequentatore e viaggiatore della Francia completamente in preda di una nuova rivoluzione pittorica. Siamo negli anni '60 dell'Ottocento e tutto si lega in qualche modo al grande cambiamento. Convivono, peraltro, la nuova accademia con l'idea di un classicismo assolutamente contornato, così veniva chiamato, dunque statuario, insieme alle nuove ricerche degli sperimentatori che conosceremo in seguito come impressionisti. La frequentazione e la devozione che il giovane Cézanne vive per i grandi maestri del passato culmina per l'amatissimo Tintoretto, l'amatissimo Veronese, con le sue paste brillanti e le sue grandi composizioni, e anche per l'amore per la scuola olandese. È un grande passato sempre in evoluzione con le nuove amicizie. Non vi è solo il Louvre come luogo da percorrere, ma l'artista percorre anche le nuove amicizie nel Salon des réfuses. È come una sorta di spina che causerà l'esplosione della pittura delle nuove generazioni, con il quale avrà modo di confrontarsi con futuri amici come Monet e Pissarro. Di certo un quadro come la natura morta con vaso, caffettiera e frutta, dipinto a 20 anni, è esattamente la chiave di lettura per queste due posizioni di Cézanne: l'uomo inquieto, il ragazzo combattuto nel decidere se dipingere o meno, il ragazzo che grazie agli amici decide di resistere alla grande pressione paterna. Esso rappresenta anche l'uomo, che nei quadri giovanili, già racconta quale sarà il suo lungo, faticosissimo e difficilissimo percorso. Il grande amore per la natura morta

– pochissimi sono i temi affrontati da Cézanne – mette in mostra il primo piano inclinato, indicando il luogo della materia in cui la pasta è molto densa, legata al condurre la luce e legata a cercare il buio: questo è il grande amore per il pittore Manet. Da lui media il grande drappo bianco, che è sempre centrale e rimarrà sempre tale nelle prossime composizioni, nonché il taglio diagonale del coltello e, ancora, le paste grigie.

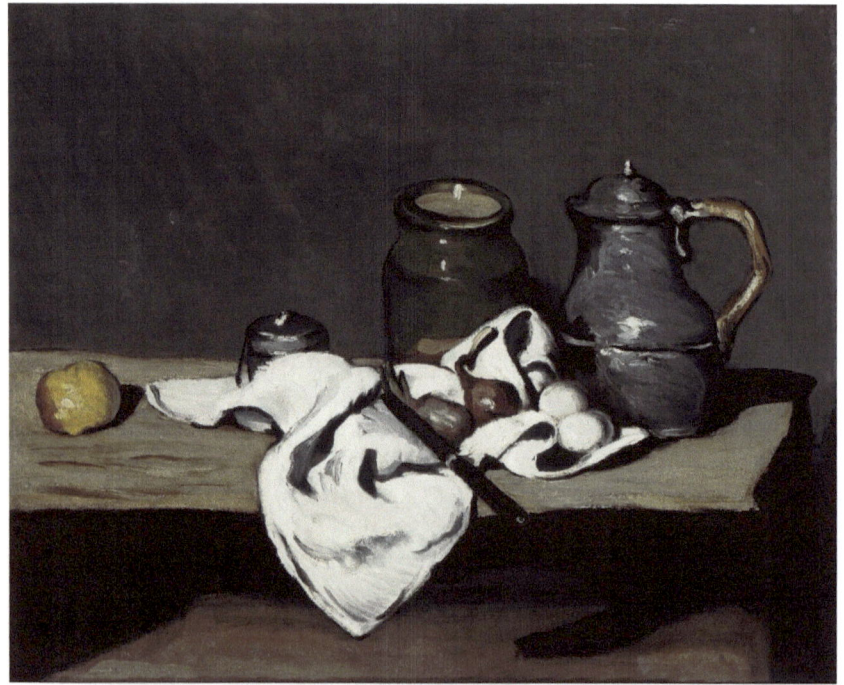

Cézanne, Natura morta con frutta, caffettiera e vaso, 1867-69, Museo d'Orsay, Parigi.

Paul Alexis legge un manoscritto a Zola

In questo dipinto Alexis incontra Zola e in qualche modo questo quadro è un incontro tra un giovane appena arrivato, nel 1869, a Parigi che si interessa alla letteratura, così come Cézanne in quegli anni. L'idea è quella di ricostruire, con questo dipinto, anche una piccola parte biografica. il 1869 è un anno importante, in quanto Cézanne, deciso a fare il pittore, ma senza la certezza di diventare un bravo artista, inizia ad avere una vita segreta al di là del rapporto con il padre. Infatti nel 1869, appunto, incontra la donna Hortense Fiquet, sua musa, sua modella, sua compagna di tutta la vita. È un incontro, in qualche modo, sempre con il presente dubbio, ovvero con il trascinare agli inferi ogni decisione: è un romanticismo che sarà sempre presente in questi anni, ma è un romanticismo non condiviso con la famiglia. È un romanticismo caratterizzato in una realtà letteraria profonda in una Parigi grande capitale dell'arte. Tutto accade in quel luogo, ma soprattutto continua a essere un luogo dove essere, rimanere, dipingere, condividere con gli amici dei momenti di grandi intimità e di pittura, ma anche luogo da cui fuggire per tornare in Provenza. Siamo negli anni in cui stanno fiorendo i grandi orientalismi, sono gli anni in cui nasce la fotografia e sono gli anni in cui la grande letteratura francese sta maturando. Ma anche, sono gli anni in cui i tentennamenti eterni e questo luogo assolutamente indefinibile generano fantasmi e generano, forse, i primi tentativi di non finito. È un quadro che rimane per anni nelle mani di Zola e che scompare poi, in qualche modo, con la loro rottura. Ricompare in seguito con alcuni segreti e con le sue pagine fatte di materia ancora densa, in cui vi sono i primi grandi ritratti che dividono per zone volumi, la parte assoluta di luce e sprofonda gli occhi in modo Cézanniano, in questo caso in modo Proto Cézanniano, in cui nel buio le masse sprofondano nell'ombra, così come gli sguardi. Questo quadro è stato ritrovato nella soffitta dello scrittore e fu restituito a Cézanne da Venturi, un critico italiano. Il quadro torna come un oggetto, come un appunto, come un luogo, come un'istantanea del suo momento di biografia.

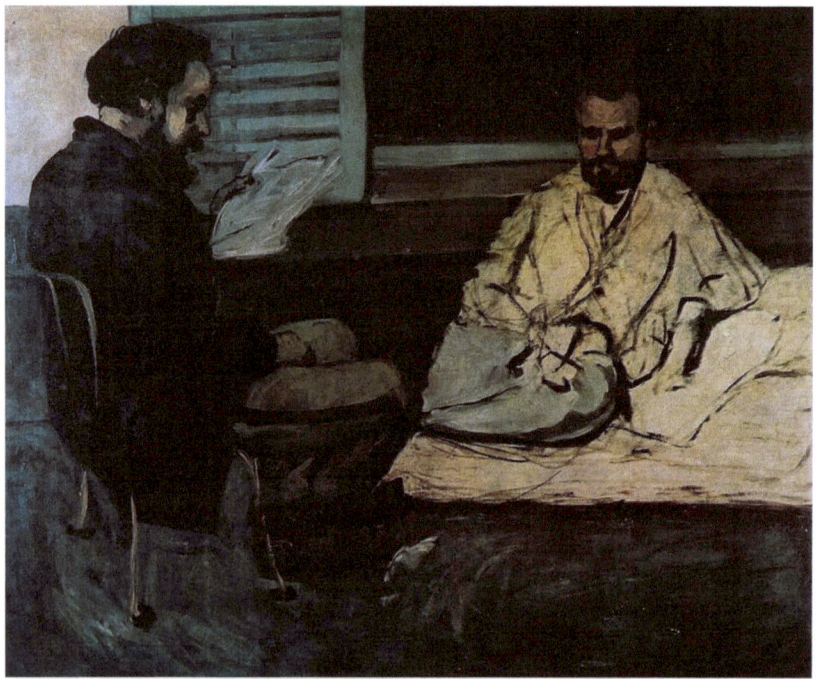

Cézanne, Paul Alexis legge un manoscritto a Zola, 1869, Museo delle Belle Arti di San Paolo.

La modernità della Francia

Durante l'attività di Cézanne, la Francia è scossa da rapidi mutamenti politici e sociali. Dalla monarchia moderata di Luigi Filippo d'Orleans, iniziata nel 1830, passando attraverso una serie di stravolgimenti politici e rivoluzionari, si arriva al 1870 alla nascita di uno stato laico e moderno. Il processo di industrializzazione di massa, iniziato nella prima metà del secolo, ha ormai investito tutto il paese e attratto profondamente la struttura socio-economica e l'aspetto di campagna e città. Il periodo, è contraddistinto dal trionfo della borghesia e del liberalismo economico, a cui fa da contraltare la nascita della classe operaia e il diffondersi del pensiero socialista e anarchico. La nascita dei quartieri operai, la nuova architettura in ferro-vetro e soprattutto il crescente ruolo dell'urbanistica, cambiano radicalmente il volto delle città. Tra il 1852 e il 1870, Parigi si trasforma da angusta capitale con strette stradine, in una moderna metropoli con ampie piazze. I frenetici ritmi cittadini ispirano gli artisti più innovativi, che diventano pittori della vita moderna. Cambia anche sistema di circolazione delle opere d'arte: la pittura diventa un prodotto commerciale da immettere nel libero mercato e il pubblico delle esposizioni aumenta a dismisura. Ormai privi di committenti, gli artisti godono di una libertà senza precedenti che permettono loro di compiere scelte radicali sul piano tecnico e tematico. Il prezzo pagato è però spesso l'incomprensione del pubblico, come dimostrano l'insuccesso commerciale e le feroci critiche subite da Cézanne e dai suoi colleghi in quell'epoca.

Una moderna Olympia

Oltre alla fotografia, in questi anni '60 e '70 dell'Ottocento, sconvolge il mondo parigino e delle arti in generali, anche un dipinto piuttosto noto: L'Olympia di Manet. Pare, così narra la leggenda, presa a frustate dall'imperatore e in qualche modo considerata opera altamente indecente. L'Olympia di Manet deriva, nasce e discenti, come ama anche ricordare Cézanne, dalla grande pittura di Tiziano, e dunque dal trasportare nuovi temi nella contemporaneità senza essere necessariamente impressionisti. Nel campo carnale dell'Olympia di Manet si staglia la serva nera con un grande bouquet che sembra sospeso in un'anima come un neon fluorescente bianco di luce. Tutto questo luogo mirabolante di colori che la serva regge, in qualche modo cade e spegne l'ardore sospeso assolutamente naturale dell'Olympia. L'opera di Manet deriva da un capolavoro assoluto della storia dell'arte occidentale, la Venere di Urbino di Tiziano. È proprio da questo dipinto che nasce, nel '500, l'idea di nudo femminile disteso nell'arte, con il grande pittore cadorino. L'opera doveva essere un modello educativo per la giovane moglie di Guidobaldo Della Rovere, Giulia da Varano. Gaetano Milesi affermò che si tratta della Venere o donna nuda più bella mai realizzata, frase condivisa anche dalla maggior parte della critica, che la classificò anche come l'opera più sensuale di tutti i tempi, nonché come il più meraviglioso nudo femminile dell'arte. La nudità femminile, di cui Tiziano è il maestro indiscusso per antonomasia, è celebrata in quest'opera, dove l'artista conosce l'enorme potere sessuale del suo dipinto, avvalendosi di una rappresentazione che gioca tra la sottigliezza decorativa e la morbidezza delle forme della Venere, per condurre l'occhio dello spettatore sul corpo disteso. L'artista riproduce Venere con i suoi tipici toni caldi che evocano sensualità, ardore e passione. Le tonalità calde del corpo sfumano in aree in ombra e in aree illuminate, che dà un effetto di lucidità straordinaria al corpo nudo, che appare morbido, liscio e luminoso, messo in risalto dallo sfondo scuro, rappresentato di proposito in quella maniera dal maestro cadorino. La straordinaria sensualità che riesce a creare Tiziano, si riflette anche nei tessuti sgualciti intorno, soprattutto quello riguardante il bianco lenzuolo su cui è posta la Venere. La lucente pelle e le ciocche di capelli appaiono invitanti per chi osserva ed i gioielli e gli accessori, di metallo, che indossa la Venere, mettono in risalto ancora di più la morbidezza delle curve del corpo. In questa totale dimensione di raffinatissima sensualità lei ci osserva, invitandoci ad ammirare le bellezze delle sue perfette forme femminili, che incarnano l'ideale di bellezza Cinquecentesca, consapevole di essere la più pura, bella e perfetta creatura di Dio. La zona di rosso intenso contribuisce a virare il cromatismo dell'intera opera verso una tonalità calda, dove il Rosso Tiziano del materasso, presente anche nell'ancella, e dei capelli della Venere, marcano ancora una volta il concetto di estrema sensualità e passione. Il corpo della Venere è in perfetta armonia con quello del lenzuolo del letto, generando una scena piuttosto invitante e seducente. Il resto del dipinto è caratterizzato da sfondi scuri, da toni grigiastri e freddi, che permettono al corpo della donna di risaltare particolarmente in tutto il suo candore. Caratterizzata da un'estrema sensualità, la Venere non risulta mai volgare, ma raffinata, poiché dotata di tale perfetta bellezza ideale e poiché assume il concetto di Venere Pudìca. Quando si parla di nudi femminili la Venere di Tiziano rappresenta per antonomasia il simbolo principale di tale tematica, e negli anni è stata riproposta nella sua composizione e iconografia dai grandi maestri successivi, tra cui Manet con la sua Olympia. Il riferimento più esplicito alla Venere di Urbino di Tiziano è l'Olympia di Manet. Notiamo questa donna che ci guarda con la mano sul pube, ma con delle differenze rispetto alla Venere di Tiziano. Vi è una domestica di colore che porge alla donna un bouquet di fiori: è evidente che non si tratta di Venere, ma di una prostituta. Difatti Olympia era uno dei nomi più comuni nei romanzi con protagoniste prostitute. Si tratta di una donna che ci guarda, ma senza quella sensualità e quella ricca passione della Venere di Tiziano, è una donna senza passione e senza sensualità raffinata, consapevole del suo lavoro e della sua identità e ci guarda in maniera sfrontata ma senza minaccia. Notiamo anche un'orchidea, fiore considerato afrodisiaco e dunque aderente al lavoro di questa donna. Notiamo anche il dettaglio del nastrino sul collo che ci fa notare la moda delle prostitute di quel periodo e si nota anche un gattino sulla destra, molto nervoso ed elettrico, che è un po' la versione contraria del cagnolino fedele di Tiziano: il gatto simboleggia l'egoismo, l'indipendenza. Oltre a questo contenuto, l'aspetto più straordinario è la tecnica che usa Manet: questo quadro è un'orchestra sinfonica basata solo sui neri e sui bianchi con una maestria straordinaria. A Manet interessa il gioco di contrapposizione delle modulazioni delle tonalità dei bianchi e dei neri, che sembra far uscire queste figure dal quadro. Questa contrapposizione magistrale è condita dalla piena citazione dell'iconografia Tizianesca (Manet era un grande conoscitore della pittura di Tiziano, avendole viste dal vivo e realizzato tante copie a riguardo) e la cita in maniera pertinente e volenterosa. L'opera sembra quasi come fosse una fotografia fatta col flash, come se fosse appiattita. La mano sul pube, non è perfetta come quella della Venere di Urbino di Tiziano, bensì risulta piatta e senza un perfetto scorcio: l'interesse di Manet era quello di parlare di pittura attraverso la pittura, in cui non vi è più il modellato del chiaroscuro ma vi è la contrapposizione dei contrari che segnano la grandezza di questo quadro. Cézanne con una moderna Olympia, non solo vuole fare un omaggio al suo autore preferito, ma forse anche vuole riprendere quello stesso scandalo e muoverlo. Stilisticamente non è assolutamente simile alla Casa dell'impiccato, ma è un'altra istanza, in cui una verve ancora giovanile e ancora vogliosa di scandalo si diffonde. Questa moderna Olympia è una vignetta velocissima, pensatissima e tutt'altro che corsiva che riprende soltanto alla lontana l'omaggio di Manet. La grande decorazione degli interni, una sorta di ara borghese, una cascata assolutamente imperfetta di fiori fanno parte di questo dipinto: è una grande composizione in cui il bouquet si staglia su un sofà. È una sorta di grande volume puntinato questo sofà, con accenni velocissimi e con un cilindro appena abbandonato quasi come fosse un contenitore ombroso, così come il personaggio seduto, che in qualche modo è Cézanne che guarda la sensualità della pittura. È una pittura carnosa e questo ammasso rosa di carne sensuale è talmente scomposto da essere super contemporaneo e l'Olympia, con due baffi curiosi di capelli, un naso adunco e le orbite scure, sta depositata su un dolce gonfiato di aria, mentre la serva nera sfila la luce quasi stesse facendo lo zucchero filato. L'idea della natura morta è forse il punto centrale della composizione, con i toni di rossi accesi e possiamo notare che Cézanne non è mai divertente: l'artista non fa altro che nascondere le grandi dimensioni all'interno dei dipinti anche minimi e soprattutto non parlerà mai di astrazione, bensì inizia a far parlare di una pittura che, se analizzata oggi, non solo parla di astrazione ma raggiunge la perfetta mescolazione di colore e materia, diventando non più l'amore per Manet ma un amore alle pazze pitture di quegli anni. Dunque il combattere e il convivere contro e insieme alla fotografia per una nuova pittura e un nuovo momento di una società curiosa e assolutamente frizzante, ovvero quella francese degli anni '70 dell'Ottocento, caratterizza questo quadro. Della moderna Olympia la fonte di ispirazione per i successivi pittori del XX secolo è visibile nel divano, nella natura morte e nella posa rannicchiata della donna: è l'idea di una nuova pittura che tutti i pittori del XX secolo guardano come origine del nuovo modo di dipingere del Novecento stesso.

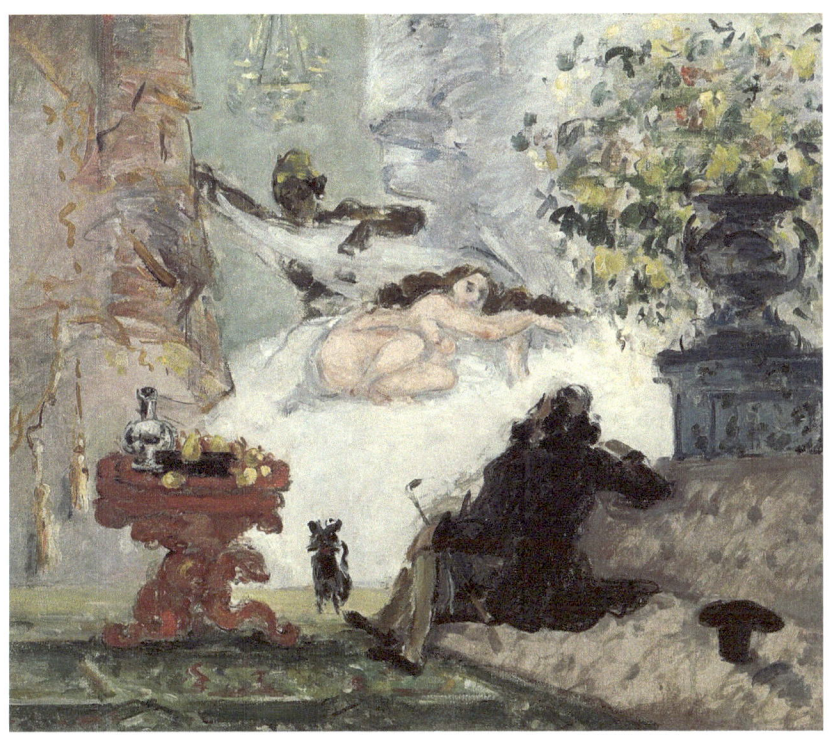

Cézanne, Una moderna Olympia, 1873-74,
Museo d'Orsay, Parigi.

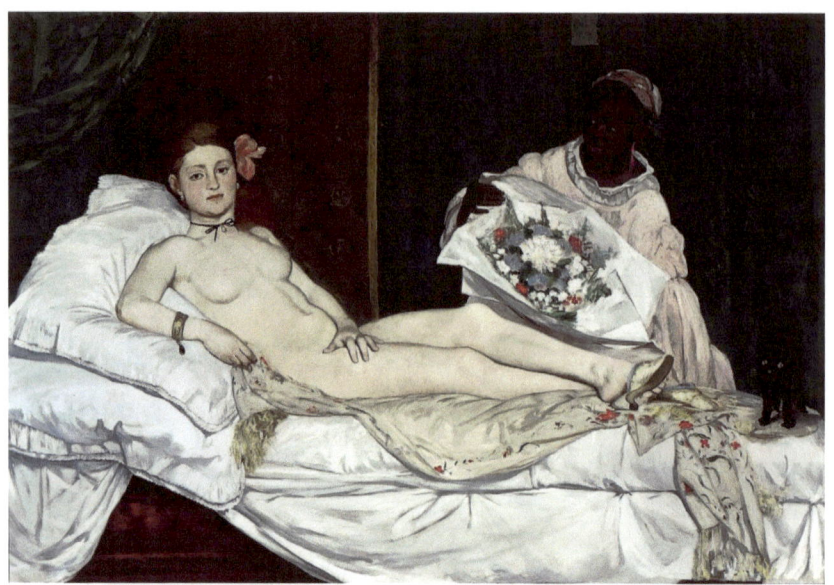

Manet, Olympia, 1863, Museo d'Orsay, Parigi.

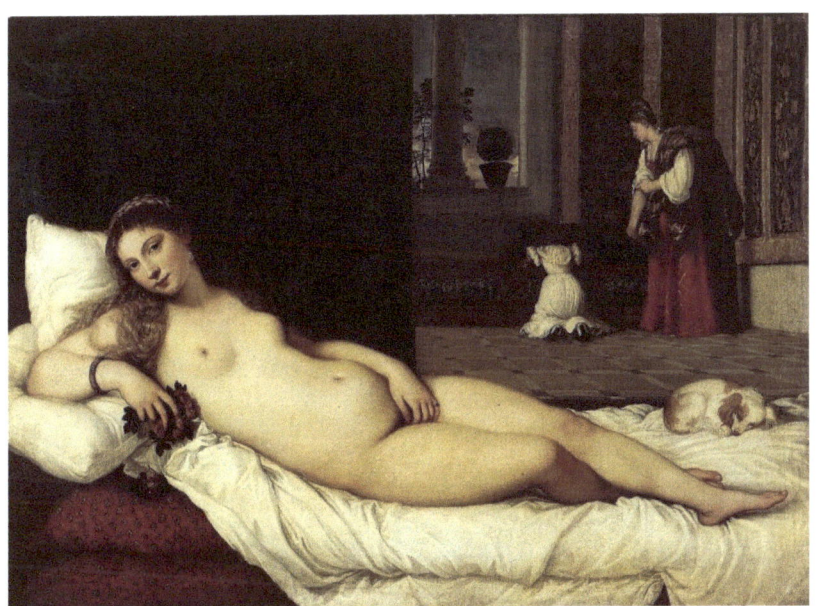

Tiziano, Venere di Urbino, 1538, Uffizi, Firenze.

Pittura e fotografia

Nel 1839, lo stesso anno della nascita del pittore, all'Accademia delle scienze di Parigi, vengono presentati al pubblico i primi dagherrotipi, ovvero le prodigiose immagini ottenute esponendo alla luce una lastra di rame opportunamente trattata, secondo la tecnica messa a punto dal pittore Daguerre: è la nascita ufficiale della fotografia e dell'evento decisivo con il quale tutti i pittori del diciannovesimo secolo dovranno confrontarsi. La pittura, fino ad allora, l'unica tecnica votata a rappresentare la realtà su supporto bidimensionale, perde per sempre il suo primato. Grazie al maggior realismo e all'economicità, la fotografia riscuote un immediato successo internazionale, diventando la concorrente diretta e pericolosa per la pittura, in particolare nella ritrattistica. Alcuni pittori parlano addirittura di "morte della pittura". Per gli artisti più innovativi, invece, la fotografia rappresenta uno stimolo essenziale per rielaborale il modo di vedere e il concetto stesso di pittura. L'impatto rivoluzionario della fotografia emerge a partire dagli anni '80 dell'Ottocento. L'esistenza di un elemento che registra la visione dell'occhio con una precisione che un pittore potrà mai raggiungere, eccettuando Canaletto, libera i pittori dal compito di fornire un'immagine fedele della realtà: è questa nuova straordinaria libertà che permette a figure come van Gogh di concepire la pittura come espressione di sentimenti, o come Cézanne di oltrepassare i limiti della prospettiva tradizionale, aprendo la via delle avanguardie del Novecento.

I pioppi

L'idea della vita, ma anche della ricerca di Cézanne, non è assolutamente semplice. È un'idea combattuta che si allontana dagli amici e che rivede le sue opposizioni, vivendo una sorta di bipolarismo. L'artista si reca a Parigi e condivide grandi battaglie con gli impressionisti, battaglie in cui subisce denigrazioni dalla critica. I suoi dipinti non sono vicini alle distese di nudi femminili della pittura accademica di un artista come Cabanel, né è pienamente impressionista. Cézanne non rinnega il passato né corrisponde semplicemente al presente. La ricerca di Cézanne è unica ed è fatta in solitudine. Per questo quando giunge a Parigi si confronta e partecipa alla terza mostra degli impressionisti, venendo attaccato dalla stampa. Pochi amici lo difendono e decide di ritornare al sud della Francia, in Provenza. Questo suo viaggiare è un continuo dannarsi, testimoniato dalle disperazioni delle sue lettere "per dipingere questi straordinari paesaggi ci vorrebbero mesi e mesi. Ci sono luoghi che non dovrebbero cambiare mai e così potrei perdermi nel verde e potrei mantenere quel verde per sempre". La sua pittura matura e i Pioppi, in questo caso, sono forse la sua prima cattedrale. Certo, la natura sta diventando struttura. Alcuni continuano a sostenere, dagli inizi del secolo XX, che Cézanne non disegnava e non dipingeva alberi, bensì costruiva colonne e linee forza. Possiamo dire in realtà che queste colonne non sono certo lo spirito romanico né romantico, forse è uno spirito del sud, ma sicuramente è uno spazio linea-luce. È una cattedrale che sale verso la luce, è un luogo che si perde e, in questo, devo dire che il tronco di questi pioppi entra in una parte di non finito, si perde e cessa di essere marrone, diventando luce e ritornando verde: il senso di ascensione, il fatto che in qualche modo Cézanne incominci a rovesciare ogni concetto di pittura impressionista, culmina nella ricerca della strada per una costruzione che non sia geometria ma che sia spazio, luce, linea e mobilità eterna e soprattutto "eternazione" della natura in quel momento. C'è una frase che in questi giorni lui manda ad amici ed è quella che dice "Io devo intrecciare queste mie mani erranti. Prendo a destra e a sinistra, qui, la, dappertutto. Prendo i suoi colori, le sue sfumature, li fisso, li accosto tra loro e formano, tutti questi, linee che diventano oggetti, che diventano rocce, che diventano alberi senza che io ci pensi. Assumono un volume, la mia tela intreccia le mani, non vacilla, è vera e compatta, è piena". L'idea della compattezza della tela, l'idea di poter costruire pennellata per pennellata parte, non con un'impressione, ma con una certezza e qui questa certezza si ripresenta ripartendo ogni volta dal verde della natura. Non a caso in questi primi quadri possiamo scorgere, quasi come una sorta di aria che non è più pulita, ma è un'aria pensata, ideale e concettuale. Nelle parti scoperte della tela vi abbiamo una perdizione della materia che caratterizzava gli anni precedenti, lasciando lo spazio fra un verde e l'altro, creando quello che alcuni riconoscono il primo vuoto pieno della storia dell'arte che culminerà con Picasso.

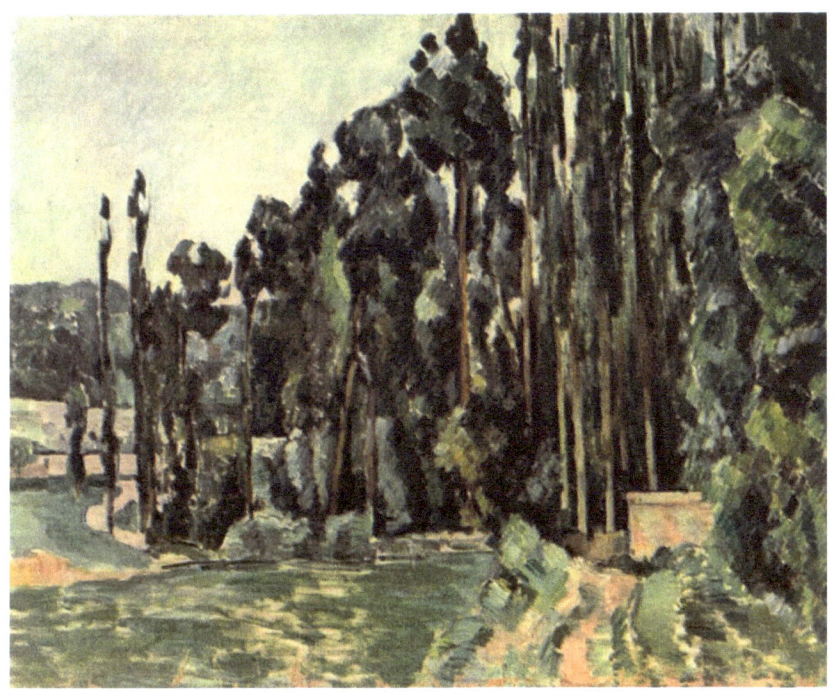

Cézanne, i Pioppi, 1879, Museo d'Orsay, Parigi.

Rupi all'Estaque

Pure in una breve e spero discorsiva passeggiata dei dipinti nell'opera di Cézanne, gigante che effettivamente non si fa cogliere, c'è la possibilità di riconoscere alcuni grandi temi. L'Estaque è uno di questi. È un villaggio ma è anche un punto di vista. Cézanne in qualche modo – ed è piuttosto interessante notare quanti Estaque ha dipinto – riconosce in alcuni spazi il grande silenzio della natura, ma anche riconosce in alcune inquadrature effettive – si parlava di cinema, di fotografia e della grande rivoluzione dell'immagine di questi anni – la mutazione della serialità. Dice "Ogni volta devo raggiungere l'ineffabile". Ad un amico scrive che il silenzio maggiore è in campagna, ecco queste all'Estaque sono delle sensazioni che non può esprimere. Tutta la pittura di Cézanne non è semplicemente nelle sue immagini e nei suoi temi, bensì è in un canto all'impossibilità di raggiungere il finito e le grandi durate dei colori, degli spazi e della luce della natura. Quindi, quando vediamo il paesaggio straordinario dell'Estaque possiamo solo pensare a quella che suona come una frase piuttosto curiosa di un poeta italiano, Leopardi, dove dice "Non poter andare nella natura più dentro o addentro ad essa". Questo addentrarsi nella natura attraverso la pittura è il tema centrale di alcuni di questi momenti della pittura dell'artista. Le rocce si sfaldano, ma non si sfaldano secondo il modo impressionista. Esse si sfaldano perché rappresentano dei nuovi colori e improvvisamente diventano volumi. Cézanne dice "Dei giovani che stanno studiando il nuovo modo di dipingere, i neoimpressionisti, sbagliano perché fanno i contorni neri e la natura non ha contorni in quanto tutto muta". Cézanne scrive delle lettere meravigliose perché queste rocce per lui rimangono "volumi" fatti di una grande quantità di grigi. Questa pittura è una sorta di diaframma fra il respiro continuo della natura e la durata del momento del colore. Certo, quando si vede come tutto si sfalda, i volumi si costruiscono di luce, di spazio. Dunque possiamo capire come questo paesaggio fosse necessario a Cézanne, tanto da scrivere ad alcuni amici che all'Estaque "Ho cominciato due piccoli motivi col mare ed è come una carta da gioco. Dei tetti rossi sul mare azzurro, la natura che continua e se il tempo diventa sfavorevole potrò forse portarli a termine. Per ora non ho ancora fatto niente, ci sono dei soggetti che avrebbero bisogno di 3-4 mesi di lavoro e sarebbe possibile individuarli dal momento che la vegetazione, qui, non cambia". Cézanne parla di mesi, per portare a compimento un dipinto e riconosce nella natura alcuni amici che, in qualche modo, va sfaldando in questo quadro: gli ulivi e i pini. Essi conservano sempre le foglie. "Il sole è talmente implacabile che mi sembra che gli oggetti si profilano, non solo in bianco e nero, ma in azzurro, in rosso, in bruno e viola. Posso sbagliarmi, ma mi sembra l'opposto di ciò che chiamiamo modellato". Questo è, di fatto, il momento di grande maturazione della sua pittura, ovvero l'idea di poter dire "tutto mi sembra assumere un nuovo colore duraturo. La natura finalmente mi corrisponde e devo perdermi in essa. Dipingo sempre l'Estaque, abbagliato dalla luce che evita ogni profilo a cadere dell'ombra. In qualche modo l'ombra diventa un volume e non è mai proiettata, essa perde fisicità. Le grandi montagne iniziano a sognare di essere pura pittura, eppure io non dipingo mai niente".

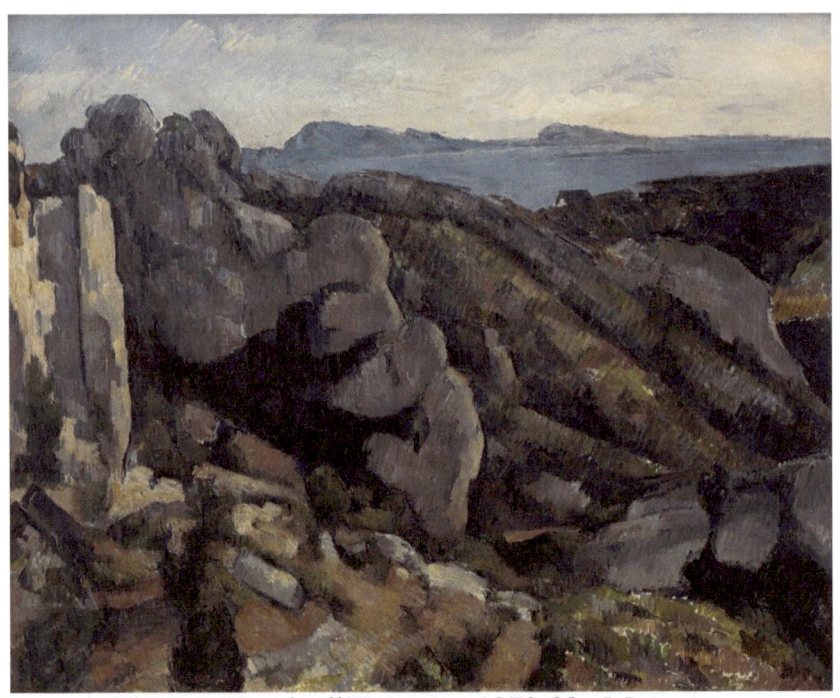

Cézanne, Rupi all'Estaque, 1879-82, Museo
d'arte, San Paolo.

Il ponte di Maincy

Sul finire deli anni '70 dell'Ottocento e per tutta buona parte deli anni ottanta, Cézanne entra nel suo più grande cruccio ovvero nella sua crisi del costruire o decostruire l'idea di natura e di composizione del quadro. Alcuni hanno voluto leggere ciò solo da un punto di vista geometrico. In realtà bisogna leggere ciò da un punto di vista di sensazione e di percezione. Cézanne è il maestro di una nuova visione ed è il maestro di un grande dubbio. Potrà mai la pittura fermare in modo eterno la bellezza della natura? Come possiamo entrare noi in questa natura? Accade, quindi, che un tema così felice, così noto, così impressionistico come quello del Ponte di Maincy in cui si vede un rivolo d'acqua, risulta uno dei primi grandi capolavori costruito per mesi a sezioni, a quinte, a affondi, a nuove profondità. In questo quadro la natura si mescola, il verde diventa importante, è il verde che diventa materia, che diventa cascata. Sono questi, forse, dei salici piangenti? O sono l'evoluzione di quella cattedrale, vista in precedenza, di pioppi? O sono delle masse d'ombra che si riperdono e diventano delle lunghe pennellate? Sono, forse, quella sinfonia incredibile di verdi? "Definiamo la possibilità di ogni verde possibile che Cézanne ha introdotto nella nostra arte", scrive qualcuno. E dunque già una prima vittima di questo maestro, che non ha avuto discepoli, e che ha influenzato il ventesimo secolo, lo abbiamo. Ci sono ancora delle direttive nelle pennellate di Cézanne, o forse ciò che vediamo è un beige con cui dipinge l'aria. Forse quello che vediamo è il tentativo di accostare un finito a un non finito per far respirare una pennellata e l'altra.

L'albero ha ancora una direttiva, ma tra qualche anno qualcuno chiamerà questo tipo di pennellata "linea forza". Eppure in questo dipinto queste linee sono ancora alberi di colore, sono il mutarsi di linee arco con il suo rinfrangersi in un'acqua che è uno specchio materico trasparente. Questo funziona ancora una volta con l'idea di ombra. La direttiva taglia una sorta di quinta profonda dove il ponte diventa un arco, un'abitazione, un materiale e a sua volta si ribalta e la certezza della natura viene spezzata dai bianchi, dai verdi, dai grigi, da linee nere ma che non sono contorni, bensì linee forza e richiesta di spazio. La diagonale, lo ricordate, l'abbiamo vista in modo tenero, materico e pieno nel curioso coltello che abbiamo visto all'inizio di questo percorso impossibile attraverso il gigante Cézanne. La diagonale è adesso diventata una linea naturale, spessa, è diventata un ramo ma sicuramente è diventata una linea che cambia l'intera composizione e, curiosamente, il punto di visto è doppio: posso mettermi da un lato del ponte e guardo cercando di afferrare la natura che cambia; posso spostarmi e ricostruire un altro punto di vista e cambia la percezione, anche quando si cerca di focalizzare un punto. Tutto è frammentato da un senso verticale assoluto e ascensionale, ma anche da un senso di discesa, eppure viene spezzata pennellata per pennellata una parte di ponte, per far diventare i colori eterni: il verde incontra la pietra, incontra il mattone, ma si perde il senso della pietra e del mattone, per favorire un addentrare della luce sulla materia e sulla pittura. Questo, forse, è legato ad un'altra lettera che il nostro Cézanne scrive in questo momento, facendo galleggiare il bianco come un colore "I colori sono l'espressione della profondità di superficie. Ogni pennellata è un po' come una luce, è un po' come il mio sangue".

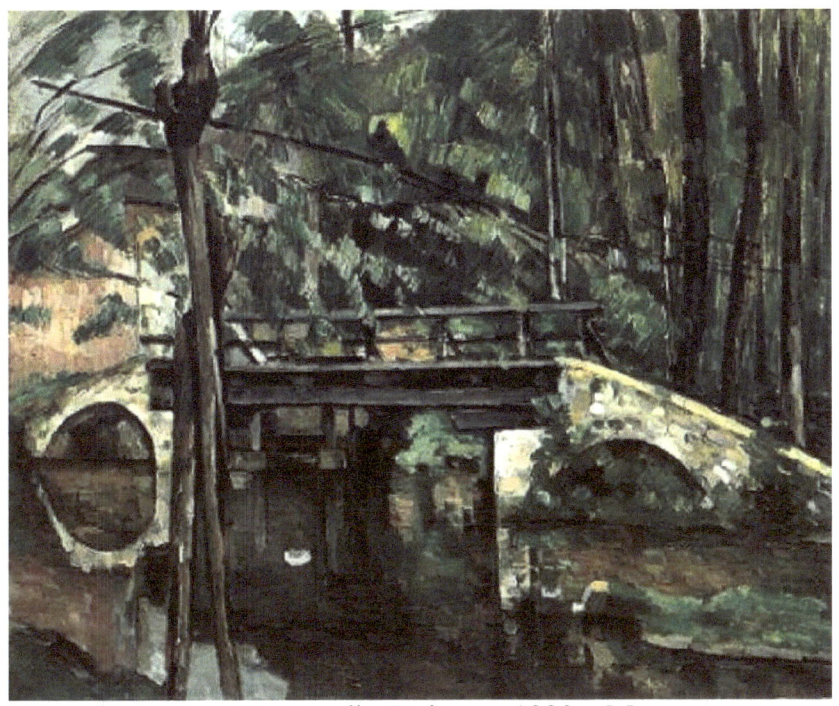

Cézanne, Ponte di Maincy, 1880, Museo d'Orsay, Parigi.

Casa e fattoria del Jas de Bouffan

Cézanne è sicuramente il grande innovatore della pittura del diciannovesimo secolo. L'unico a scavalcarlo è un secolo, ma lui è l'unico a cementare i due secoli. È un pittore profondamente legato al sud della Francia. Jas de Bouffan è sicuramente uno dei luoghi della sua vita. È forse la tenuta più prossima alla famiglia, rappresenta ciò che apparteneva al suo passato. È uno dei soggetti dipinti in serie, ma anche uno dei pochi e possibili luoghi legati ad una biografia denunciata. Ovviamente non esiste per Cézanne l'idea di poter dipingere sensazioni legate al ricordo, o peggio ancora emozioni legate alla fantasia. Tutto parte, effettivamente, dallo studio ossessivo, come il disegnare. Il disegnare ricorda che disegnare altro non è che dare forma a ciò che si vede, al costruire. C'è un senso straordinario di quella che i suoi detrattori chiamavano "l'instabilità di Cézanne". "Cézanne ha perso l'impressionismo ed è diventato contorto, sbilanciato e privo di un punto di vista centrale" scrivono. Questo è forse il momento più maturo in assoluto. Cézanne ha rotto definitivamente con l'amico Zola per colpa di un romanzo piuttosto interessante. Questo romanzo dipinge la figura di un pittore, un pittore capace da consumare sé stesso per la sua troppa intelligenza. Un pittore troppo intelligente per raggiungere la fama, che in qualche modo si distrugge. È un pittore che rispecchia Cézanne, il quale scrive una lettera a Zola, ringraziandolo e chiudendo decenni di amicizia con pochissime righe. Cézanne tronca i suoi rapporti nella sua crisi, generando dei grandi allontanamenti. E questo luogo diventa forse il monumento a questi silenzi, a tutto il tempo che passa, alla pittura che gli sembra sempre, costantemente, irraggiungibile e inutile. Questo è difatti uno dei primi ed assoluti capolavori ermetici, tanto che spesso la critica si è domandata se questo quadro fosse uno dei primi tentativi di non finito per lasciare spazio all'area della pittura o semplicemente se fosse un quadro abbandonato a sé stesso. Questo fa parte del grande enigma di Cézanne e sicuramente abbiamo due punti su cui discutere: questi tetti che brillano al sole diventano forme, diventano bi-dimensioni prospettiche ma soprattutto vi è l'insorgere straordinario di un colore, insieme al verde, che è il grigio. Il grigio è un altro raggiungimento straordinario di Cézanne, quello stesso grigio che farà dannare i pittori dell'inizio del XX secolo, quello stesso grigio di cui scrive a Pissarro "Avete perfettamente ragione a parlare del grigio. È il solo colore che domini sulla natura e nella natura, ma è spaventosamente difficile coglierlo". Sul grigio, sui toni del grigio e della luce che sprofonda nel grigio e che dal grigio emerge è giocato l'intero luogo architettonico di questo quadro. Vi è improvvisamente una teoria curiosa di ombre dovute agli scuri della casa, che inseguono i primi due piani e vi è anche una sorta di raccolta del movimento degli archi grigi che si aprono sul buio e sul fresco dell'abitazione. Le fondamenta della casa sembrano quasi sprofondare in una economia altra di prospettiva, che appartiene alla sinistra del quadro e che sembra non essere presente a destra, che litiga con delle linee ipotetiche di orizzonte, che non sono piatte e dunque non sono in linea con la tradizione di un orizzonte assoluto. Tutta questa destabilizzazione del quadro alla sinistra sembra sprofondare ancora di più ed emergere quasi come un movimento della terra: è una sorta di terremoto di volumi, in quanto le architetture sulla destra si fondono improvvisamente con dei grigi che altro non sono che alberi, chiome, rami che rappresentano, in realtà, anche il suono possibile su cui si basa questa costruzione straordinaria antica, fatta di volumi puri. Sono dei volumi che si reggono perché vi sono alcuni scarti costruiti dall'ombra. Dunque chiunque può valutare questa quantità straordinaria di ombra messa e studiata appositamente dal colore, generando una composizione solida. Direi che si tratta, forse, di una delle prime composizioni plastiche di Cézanne, che rischia, in qualche modo, di diventare oggettivamente fisico e mai metafisico, con la sua regnante idea del grigio che diventa, incupendosi, sempre anello di volume, fino a creare i ganci di una casa della campagna del sud, ma soprattutto di una casa che diventa una parata di assenze, con una forma straordinaria di architettura antica, quasi absidale.

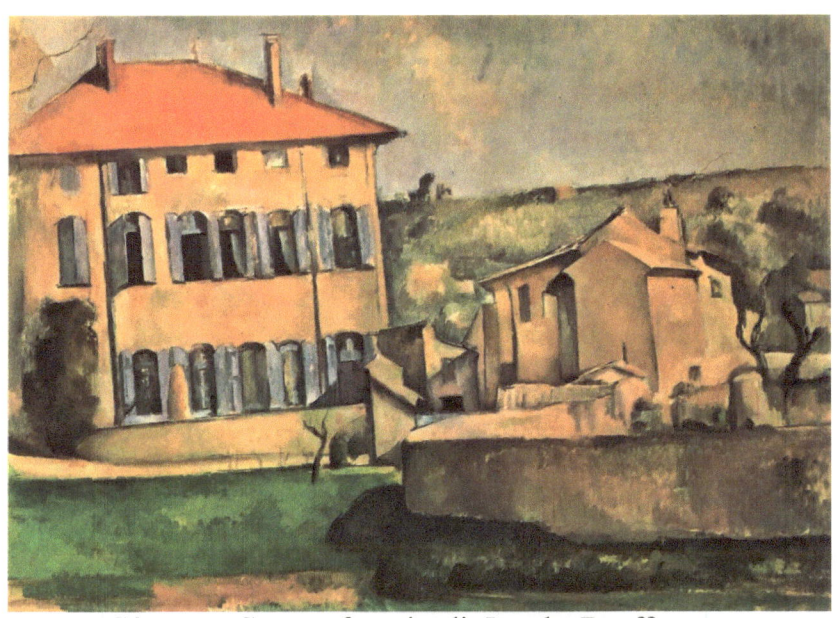

Cézanne, Casa e fattoria di Jas de Bouffan, 1885-1887, Narodni Galerie, Praga.

Superamento dell'Impressionismo

Tra il 1880 e il 1900, molti pittori attivi nella cerchia degli impressionisti iniziano a percorrere vie autonome, giungendo a una pittura che si estrare dalla visione oggettiva della natura. Tra i primi a compiere questo passo c'è Paul Cézanne, con la sua ricerca di regole artistiche basate su forme geometriche elementari e indipendenti dal dato naturale. Negli stessi anni, la teoria dei colori complementari di Chevreul e gli studi sui valori psicologici della linea, portano Georges Seurat alla scomposizione dell'immagine in piccoli punti di colore puro non mescolati tra loro. Con i suoi capolavori, dipinti tra il 1884 e il 1891, nasce il puntinismo, che avrà larga diffusione in tutta Europa. Vincent van Gogh, nel frattempo dipinge in Provenza i suoi ultimi toccanti paesaggi. Il loro concitato ritmo espressivo, anticipa, con le sue forzature prospettiche e l'arbitrarietà dei colori, i caratteri dell'espressionismo. Paul Gauguin, ispirandosi all'arte giapponese e all'arte primitiva, sviluppò, invece, una netta semplificazione delle forme e carica i suoi quadri di elementi visionari e valori simbolici. L'ultimo decennio del secolo vede inoltre fiorire esperienze come il movimento dei Nabis, che si propone di evocare le sensazioni attraverso segni e campi di colore e l'estesa corrente del Simbolismo, che introduce il concetto della pittura come espressione di idee. Sono proprio i variegati esiti a cui giungono tutte queste diverse tendenze, che gettano le basi delle Avanguardie novecentesche, destinate a sconvolgere il panorama artistico europeo del XX secolo.

Rupi e colli in Provenza

Il periodo costruttivo, lo chiamano, fino al '90, il periodo in cui Cézanne s'arrovella sistematicamente, forse, un'opera ogni due, ogni tre, talvolta ogni quattro anni. È il periodo costruttivo quello in cui i grigi incalzano ogni possibile cambio di natura e il grigio diventa il colore della natura, quasi per paradosso. È il periodo costruttivo perché le linee, che prima abbiamo visto essere discretamente ed eminentemente naturali, hanno finito di essere rami per diventare, appunto, linee nuove, pensate, costruite e rappresentate dalle campagne della Provenza. Certo, con grandi fondamenta: le rupi. Un dipinto come questo non può certo non farci pensare alla costanza, all'idea, alla difficoltà e a quel senso straordinario di impotenza positiva che l'autore provava nel cercare di costruire l'idea di uno spazio che ha una casa, e dunque la bi-dimensionalità di due piccoli volumi, che in realtà sono il senso plastico. Essi incominciano ad essere dei triangoli, dei rettangoli, che si colmano in spazi assolutamente piccoli di luce, di materia e anche di colore. Sono questi piccoli volumi che faranno sicuramente impazzire la pittura degli anni '20 del Novecento. Ciò che affascina è l'idea di poter costruire una casa e un paesaggio con della materia, e allo stesso tempo costruire decostruendo e cambiando punto di vista, ribaltando i piani, arrampicandosi con lo sguardo sempre azzoppato, lento, difficile, verso queste rocce che diventano fondamento dell'intera composizione. Quando avevamo letto l'idea delle mani erranti è perché Cézanne cerca sedendo per giorni, di fianco e sopra questi paesaggi. L'artista con il dipinto cerca sempre di raggiungere lo sguardo delle mani erranti. Le mani erranti toccano, cercano di costruire, cercano di semplificare e di portare in modo più sintetico, verso la fine degli anni '80. Ciò rappresenta quello che avevamo letto in precedenza "io i colori li fisso". In questo caso i colori sono fissati in questo periodo di crisi e di ripensamenti, fatti di disegni e di acquerelli appena toccati, ed in effetti sono fissati in questa tela perché l'artista dichiara "ascolto ciò che accade nella natura nelle sue linee e senza che io ci pensi, queste linee assumono volume, diventando oggetti, diventando rocce, diventando alberi". Questo è quello che accade in modo assoluto alla parte alta del dipinto. Prima abbiamo notato il concetto di possibilità di muoversi sull'ombra e di dare il senso plastico attraverso il colore grigio, affrontando le superfici che suonano di una melodia assordante di luce del sole. Adesso, in questo dipinto, nella parte bassa delle rocce possiamo notare lo scontro tra il bianco e il marrone, cedendo il contorno a una fascia nera d'ombra e perdendo addirittura quel senso, che abbiamo visto nell'Estaque, di morbidezza delle ombre e della roccia. In questo quadro la parte bassa regge la composizione, mentre la parte alta è stemperata da delle quinte profonde di alberi dipinti con un senso perenne di moto. Tutto è reso da una pennellata verticale, oppure diagonale, che cerca una direzione, ma che improvvisamente si fonde con altre direzioni: non diventa mai grumo non è mai pura materia è sempre una direzione, un suono, una linea e una superficie. Ancora, dietro vi è un impaginato straordinario, talmente composto, che non è più fatto di campi o di colli, bensì di linee e direzioni di grigi con cui i colli diventano una meravigliosa composizione astratta.

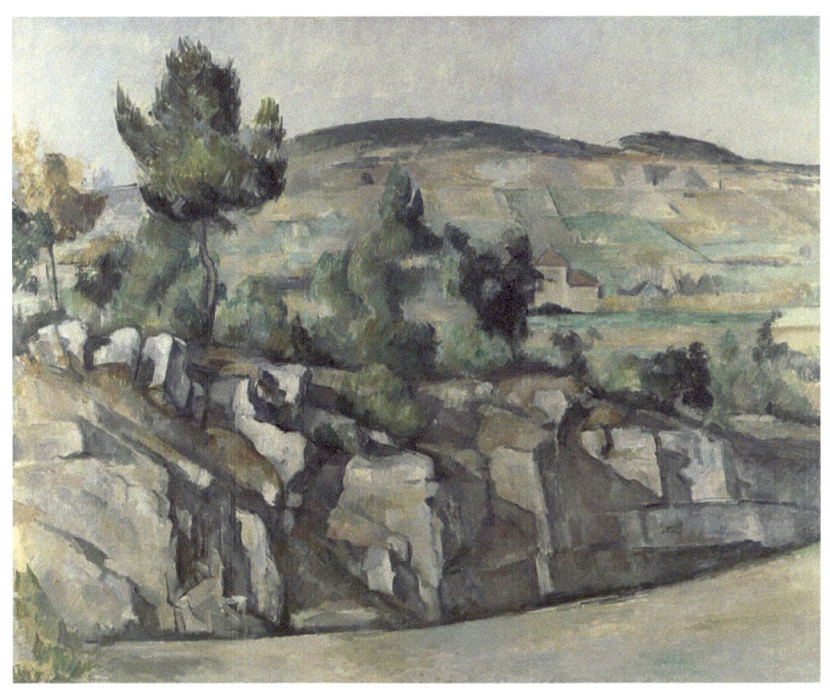

Cézanne, Rupi e colli in Provenza, 1892, National Gallery, Londra.

I Giocatori di carte

mai un quadro di piccole o ridotte dimensioni ha sconvolto, rovinato, cambiato, mutato, fino a diventare quasi un tormentone nella pittura di qualche anno dopo, come questi giocatori di carte. È un quadro di piccole dimensioni che ha sconvolto la pittura degli anni '20 e '30. Diventa un tormentone in quanto tantissima critica e tantissimi pittori per decenni hanno lavorato intorno a una variazione sul tema a modello di questo dipinto. È certamente considerato lieve, profondo e forse non finito, come accaduto spessissimo a quest'uomo. Il quado è considerato uno dei suoi massimi capolavori degli anni maturi e considerato sicuramente uno dei nuovi modi per intendere la ritrattistica. È un soggetto raro che si presenta per pochi momenti, nell'arte di Cézanne, in circa 3-4 anni di lavoro tra il 1893 e il 1896. Si tratta di un soggetto che garantisce a Cézanne di entrare nella storia dell'eternità degli anni successivi della sua morte, dunque che gli dona fama eterna. Si tratta anche della fase che lo dannerà, in quanto proprio in questo periodo Cézanne sarà l'uomo della geometria compositiva. In questa fase l'artista afferma che bisogna trattare la natura tramite il cilindro, la sfera, il cono: tutto ciò dev'essere messo in prospettiva. Non si tratta di un quadro costruito immediatamente e cresciuto di getto, bensì nasce da Pére Alexandre, un giardiniere casualmente catturato da Cézanne per tre anni, mentre quest'uomo giocava a carte. È un quadro di genere, dunque non ha nulla di rivoluzionario e pare, in qualche modo, che l'occhio si fermi su quello che potrebbe essere un paesaggio che non ci è dato perché è appena oscurato ed appena infiltrato su parti di tela che vengono rilevate. Vi è una luce che spinge contro il buio e vi è un'altra fonte luminosa, quella frontale, che aiuta alle ombre a diffondersi e a perdersi nei materiali. I piani sono ribaltati ed iniziano ad essere sempre più ardui ed alti. Esiste anche una sorta di diagonale e dunque Cézanne cambia l'inquadratura per far sì che tutto, cogliendo da destra a sinistra, possa partecipare al ritmo della composizione. Studi vengono fatti ed ognuno di questi signori ritrattati vengono esplorati per essere resi al massimo e, ancora, si perde questo senso di fisicità per diventare invece dei grandi volumi di cilindri fatti di luce e soprattutto incomincia ad esserci una fase pericolosa di spogliazione della natura: se guardate, tutto ha perso, quasi, naturalezza; l'idea dei verdi è diventata una idea astratta, non c'è più l'idea di corrispondenza della natura. La tovaglia è di cuoio, non è più il candore luminoso della natura morta che conoscevamo, bensì vi è il massimo dell'artificio. Il tavolo inizia ad essere, non solo in perdita di equilibrio d'orizzonte, un'idea in cui il volume si scompone, diventando quasi un inerpicarsi tra gli angoli. Infine vi è anche, soprattutto, l'idea che per anni ed anni la critica ha discusso sulla capacità di costruire il corpo come un cilindro: la giacca è resa come uno spazio volumetrico senza materia. Questo quadro tanto idolatrato, porta Cézanne a una realtà domestica. Forse proprio per questo è stato equivocato ed è stato portato in momenti a cui non apparteneva, come in una sorta di Ritorno all'Ordine. Questo errore di visione nasce soprattutto dal pittore italiano Soffici, prima attento al cubismo ma poi improvvisamente pronto a essere affascinato dal primitivismo. Soffici, erroneamente dice "volendo assegnare una paternità ideale a Paul Cézanne, le grandi immagini sarebbero di Michelangelo e di Eschilo. Al pari del toscano, egli ha compreso la forza mistica che scoppia dalle cose mute, dai tronchi, dalle persone, dalle rocce. La sua opera è un rozzo terreno spoglio, pietroso, atroce, scortificato e in più trovo che sia assolutamente sensazionale rispetto a questa idea di povertà, soprattutto per quanto riguarda poi la natura umana. Questo Cézanne ha fatto il suo colore e il suo disegno in campo agro, povero e brutale. Nella sua pittura si riscontrano i conflitti cromatici che per il primo Masaccio suscitò realisticamente la Cappella Brancacci al Carmine.". Certo, sentir parlare di Masaccio e Michelangelo per queste figure è addirittura scandaloso. Il povero Cézanne si sarebbe rivoltato dalla tomba, ma questa idea di primitività e di originarietà sarà resa proprio grazie a questo dipinto e sarà il suo marchio, non di composizione o di decostruzione, che garantirà un ritorno all'ordine e che incentiverà un'idea di reazione e di brutale semplicità.

L'artista si serve del colore per costruire forme, anticipando anche il Cubismo. Ricorre spesso alla spatola, utilizza colori cupi e crea forti contrasti di luce e ombra, trattando a più riprese il tema dei Giocatori di carte. Ispirato in origine a Caravaggio, Cézanne tratta questo tema per dimostrare che la pittura costruisce forme regolate dalla geometria.

Nelle tre versioni con due giocatori, la bottiglia costituisce l'asse centrale della composizione e separa lo spazio in 2 zone simmetriche, accentuando la contrapposizione dei giocatori. Il giocatore di sinistra è caratterizzato da cilindri rigidi (il cappello, la pipa, l'avambraccio, la forma del busto). Il giocatore di destra è caratterizzato da forme coniche morbide (il cappello, la posizione delle braccia). Sotto il tavolo le ginocchia di entrambi sembrano sfere.

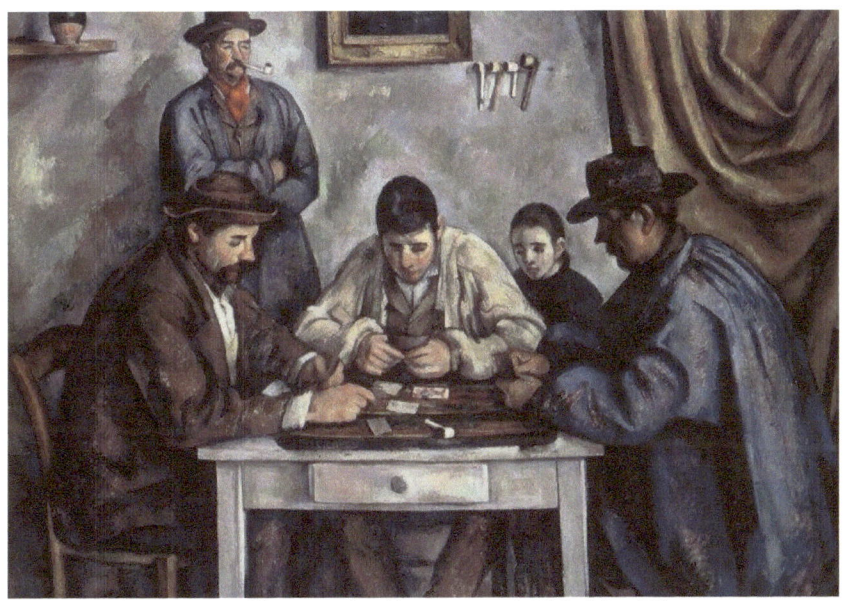

Cezanne, Giocatori di carte, 1890-95, The Barnes Foundation, Londra.

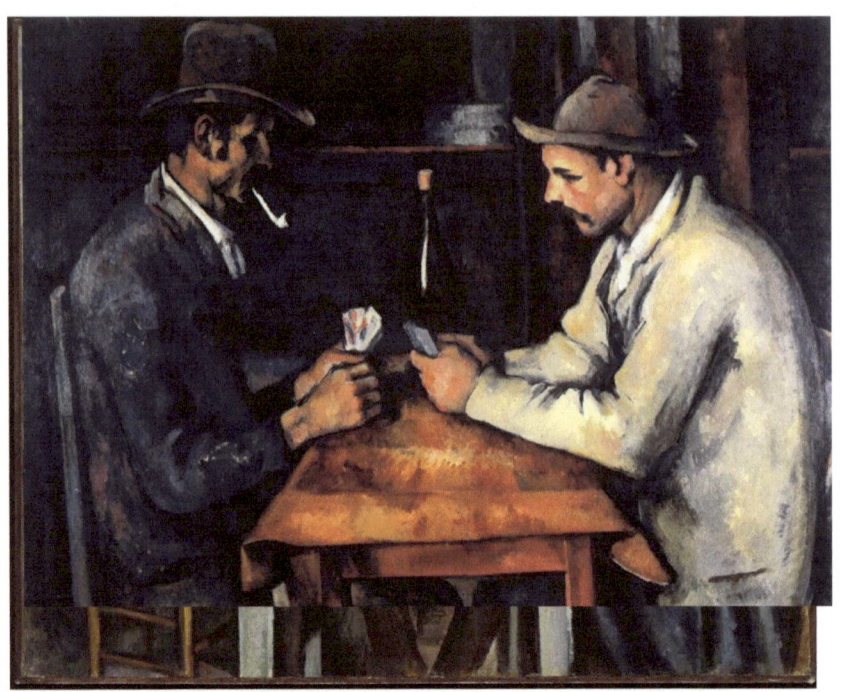

Cézanne, Giocatori di Carte, 1890-95, Metropolitan Museum, New York.

Versione collezione privata.

Natura morta con mele e arance

L'artista dipinse nature morte sin dagli esordi della carriera. Questo genere conquistò un posto di primo piano nella sua attività solo nel periodo della piena maturità: in vita, però, non fu molto apprezzato dai critici. Cézanne ricerca un equilibrio, calcola la dimensione di ogni pennellata perché questa deve "costruire forme". L'effetto dinamico è dato dalla disposizione diagonale delle composizioni e dalla contrapposizione tra il bianco della tovaglia e il rosso dei frutti. Con un linguaggio plastico di grande rigore, Cézanne rinnova profondamente un genere tradizionale della pittura. Inoltre, compare anche una carta da parati che delimita lo spazio, richiamando le nature morte fiamminghe del XVII secolo. Se con i Giocatori di carte abbiamo parlato di cilindri, di coni e di questa idea sintetica di guardare la realtà e la natura nella secchezza di una stanza, nella natura morta possiamo trovare tutto l'ultimo canto di Cézanne. Nel 1900 arriviamo, difatti, all'inizio della grande esplosione del suo genio, è un'esplosione letta dalle nuove generazioni, segnando il cambio assoluto di ciò che lui considera la compenetrazione di ogni possibile piano: è il grande equilibrio delle forme e dei punti di vista. Parlare di Cézanne è parlare delle sue nature morte di mele e di arance. Qui è come se l'autore cercasse di possedere completamente, in tutti i suoi gradi e in tutte le possibili combinazioni, la composizione e tutto ciò che le sta intorno. Mentre nelle Rupi, Cézanne si cala nell'ombra e costruisce dei piani, nella natura morta è ormai tutto inerpicato.

In Raffaello è tutto così preciso che manca l'aria e non entrerebbe nemmeno uno spillo, ma in Cézanne, ricordatevi, togliendo una mela o una arancia, cadrebbe completamente la composizione. Difatti, questo cambiare di punti di vista, questo avvicinarsi e questo essere assolutamente contemporaneamente in lotta con i punti di vista, è quello che rende e che destabilizza completamente questa composizione. L'alzata in ceramica bianca ha un gambo o forse qualcosa è slittato e questo gambo di ceramica è diventato improvvisamente una parte della stoffa che sembra forse più vicina alle Rupi della Provenza, che non certamente alla stoffa piena di luce. La caraffa è effettivamente dipinta a motivi ornamentali, come piace tanto ad alcuni impressionisti, o forse si sta semplicemente impadronendo di un frutto o questo frutto è slittato direttamente dalla caraffa sulla tovaglia; e poi com'è possibile che questa tovaglia possa tenere con i suoi volumi, con i suoi tagli, con le sue prospettive appena bloccate, appesa come il telo di una Veronica che non vuole mostrare la Sindone? Come fanno a non rotolare, a non cadere, come fanno questi assoluti frutti di colore a rimanere lì mentre intorno, in due parti completamente distinte e quasi come non appartenessero alla stessa sala, una stoffa si dispiega come se fosse un autunno curioso fatto di foglie, con alcuni punti di grigio che suonano sempre di blu? Com'è che questa parte apparentemente decorativa poi si sfalda e si decolora, diventando una parte di architettura? Questa parte straordinaria ricorda le prime arcate dei quadri delle stazioni di De Chirico. Tutto ciò riguarda mesi e mesi di lavoro in cui il grigio si sfalda nel verde, diventa marrone e improvvisamente incontra il nero. È quasi come se, improvvisamente, con gli occhi di oggi riuscissimo a capire i Fauves, anni prima, con questa idea di decorazione e con questa idea, assolutamente, di accartocciare e respirare. Cézanne non cambia, come forse è stato detto a volte, repentinamente il suo punto di vista. Cézanne, in modo ostinato, si pone di fronte le composizioni e le compone, si risposta come una sorta di tartaruga, tanto che alcuni critici l'hanno definito "La grande meravigliosa tartaruga della pittura", e lentamente riprende e ricambia il punto di vista. Una parte allora viene dipinta come girando tutta la composizione, compresa la parete, verso chi dipinge e poi, improvvisamente, si ritorna dall'altra parte con un altro nuovo punto di vista: è il ribaltamento di piani, come nel tavolo messo in una prospettiva impossibile. È un tavolo disegnato come fosse dedicato a una sorta di grande teatro per chi sta guardando, con le gambe corte di fronte e una salita grande, appunto, fisica e mai metafisica verso l'alto. C'è uno sbilanciamento, c'è un luogo e c'è assolutamente questo modo di lavorare per l'intera composizione, come lo sguardo stesse cercando veramente di renderla in moto per sempre, ma mai morta, anche se è una natura, che noi potremmo chiamare una natura silente, visto l'amore di Cézanne per il silenzio. Fry, che forse è stato il primo a capire la grande magia di Cézanne, capisce una grande caratteristica del pittore e scrive "Costante di Cézanne è la coscienza che la sequenza plastica dev'essere sentita attraverso l'intera superficie della tela. Per lui, sebbene possa esserci più di un punto cardine della sequenza, ogni parte, anche apparentemente insignificante deve fornire il suo preciso e insostituibile apporto al tutto. Ogni strumento di questa orchestra, di queste nature morte, deve suonare per quanto debolmente". Ed è questo suono, da cui non si può più estrarre una nota né si può togliere nessuna delle parti che si sono rese totalmente partecipi, in cui nasce la magia sospesa, la prospettiva intellettuale e lo spaesamento straordinario che diventa meraviglia di questa natura morta di Cézanne.

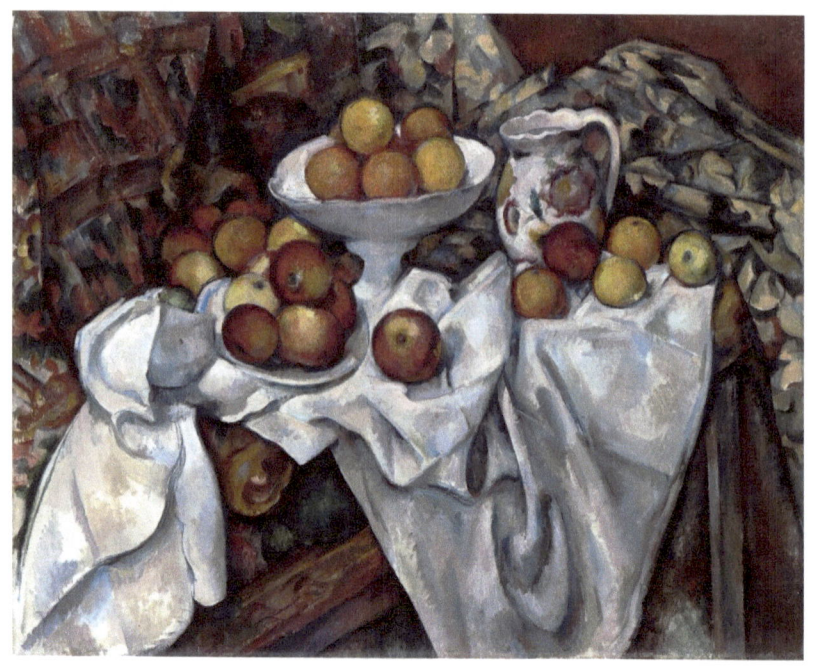

Cézanne, Natura morta, Museo d'Orsay, 1899,
Parigi.

Le Grandi Bagnanti

Si tratta di un dipinto di grandi dimensioni di un pittore che già quaranta anni prima diceva "prima o poi dovrò dipingere un quadro di grandi dimensioni e quella sarà la mia sfida più grande". Pensate a questa dimensione per un pittore che lavorava decine di anni sui dipinti, pensate a questo quadro che ha dai 5 ai 7 anni di gestazione, ma non solo. Questo, forse, è l'assoluto simbolo di oltre trent'anni di pittura su un soggetto: le Bagnanti. Nascono, queste Bagnanti, in tele di piccolissima dimensione già negli anni '70 dell'Ottocento. Piano piano, sono, in qualche modo, il ricordo di una presenza campestre, di un luogo lacustre dove l'acqua è evaporata, di una natura che inizia a diventare un po' un teatro, una danza o un luogo possibile per la presenza umana. È una presenza umana nuda e che forse viene anche mediata dai quadri giovanilissimi che presentano i pochi nudi, non l'Olympia bensì la tanto osannata ed amata poesia di nudi femminili Tizianeschi, nonché dall'amata poetica romantica di Delacroix, che mai dimenticherà. Sono trent'anni di ricerche sul tema. All'inizio, in mezzo a queste donne, che si collocano nello scenario della natura, c'è anche un giovane. Poi questa figura si isola e diventa, in un modo forte, una figura che si staglia da sola, guardando, monumentalmente, il vuoto, sprofondando tra i grigi e i bianchi, con un costume rapito ai drappi pieni di luce delle nature morte e forse diventa una natura morta lui stesso, una grande astrazione (versione del MoMa di New York).

Improvvisamente tutte queste grandi bagnanti si sintetizzano in una sola (versione di Philadelphia). Qualcuno ha scritto "per Cézanne la presenza del corpo non è più la scultura. Sta perdendo l'idea di volume ma sta diventando statuario e forse i suoi pioppi non sono più colonne ma sono diventati corpi". Alcuni, non certo detrattori, ma qualcuno che ha letto il percorso di sintesi e di astrazione di questi anni, dicono che "Cézanne dipinge i corpi come se fossero alberi, rovesciandoli dai punti di vista e facendoli diventare una semplice e pura armonia di composizione". Certo è, che nella dimensione grandissima, questi corpi perdono di colore, lasciano spazio al disegno, alla semplificazione e a quello che noi chiameremmo la grande astrazione del futuro, ma soprattutto ritrovano la possibilità dell'ombra grigia della carne che non è più rosa eppure è come se avessero preso del sole, in cui in alcuni casi abbiamo ancora l'emergere di una schiena. Abbiamo anche una botta rosa delle mani, che forse prendono e fermano la luce: non stanno facendo ombra, stanno semplicemente raccogliendo la luce per tornare rosa e forse si stanno assolutamente assorbendo e compenetrando. Un'altra parola che servirà molto alle Avanguardie del Novecento, riguarda la grande struttura che non è più fatta solo di alberi ma è ancora fatta di linee, di diagonali, di sintesi e tutte le figure partecipano alla straordinaria catastrofe della natura che sta nel cielo. Guardandole, forse possiamo vedere alcuni fantasmi del passato, possiamo ritrovare i suoi paesaggi e possiamo vedere nella possibilità di trasparenza, appunto, compenetrata, sia alla luce che allo spazio, dei paesaggi che si dissolvono in una nebbia sapiente: è un luogo che mescola la luce delle nuvole alla luce del verde. E allora in Cézanne ritorna il rango di grande innovatore segreto, di questo artista che ha rifiutato fino all'ultimo di essere considerato il padre di tutte le Avanguardie. Di certo, potremmo pensare che forse la classicità non è mai morta in Cézanne, lui dice "non possiamo assolutamente trascurare, cambiare e rinnovare il passato. Forse quello che noi stiamo facendo oggi è davvero un anello per costruire la storia futura". Guardando a questo quadro non possiamo non pensare a delle monumentalità straordinarie di linee, di ritmi, di rosa e di celesti ancor più sintetici, ma che sono sintetici perché Cézanne li ha permessi, nella Danza di Matisse. Non possiamo non pensare all'anno 1907, dove alcune donne in piedi ritrovano la loro tribale originale e originaria, quasi come questa forma, fino a diventare nuove maschere nelle Demoiselles d'Avignon di Picasso. Questo quadro di Cézanne rappresenta la sindone assoluta del suo pensiero, che fa sì che tutto il Novecento apra a una lezione nuova. Eppure questo quadro gigantesco è così assoluto, rappresentando il sunto di anni e anni di crisi, ma rimane soprattutto un suono misterioso che ci accompagna nei volumi delle teste, nelle grandi linee dei corpi, nelle fasi allungate di mani ormai diventate sintesi e linee frammentate di nero in un mondo che si fa di terra e negli alberi che si perdono, pur ben strutturati, verso l'alto: è ancora una volta un desiderio di natura.

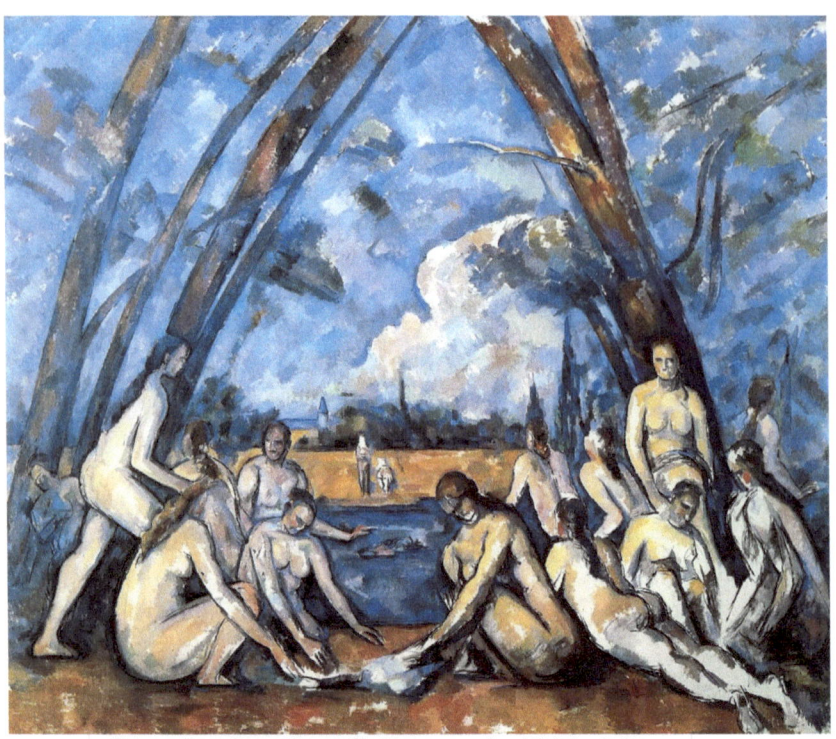

Cézanne, Le Grandi Bagnanti, 1905, Museo d'arte di Philadelphia.

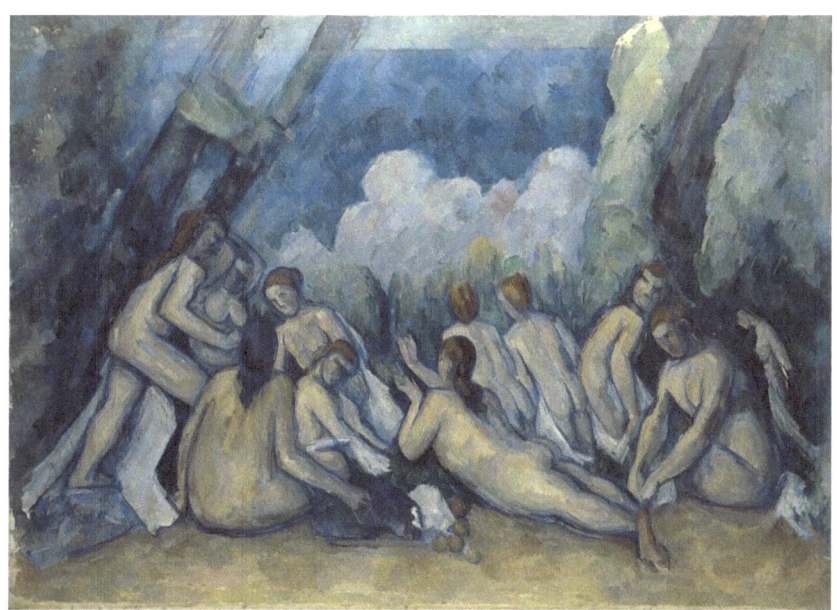

Cézanne, Le Grandi Bagnanti, 1905, National
Gallery, Londra.

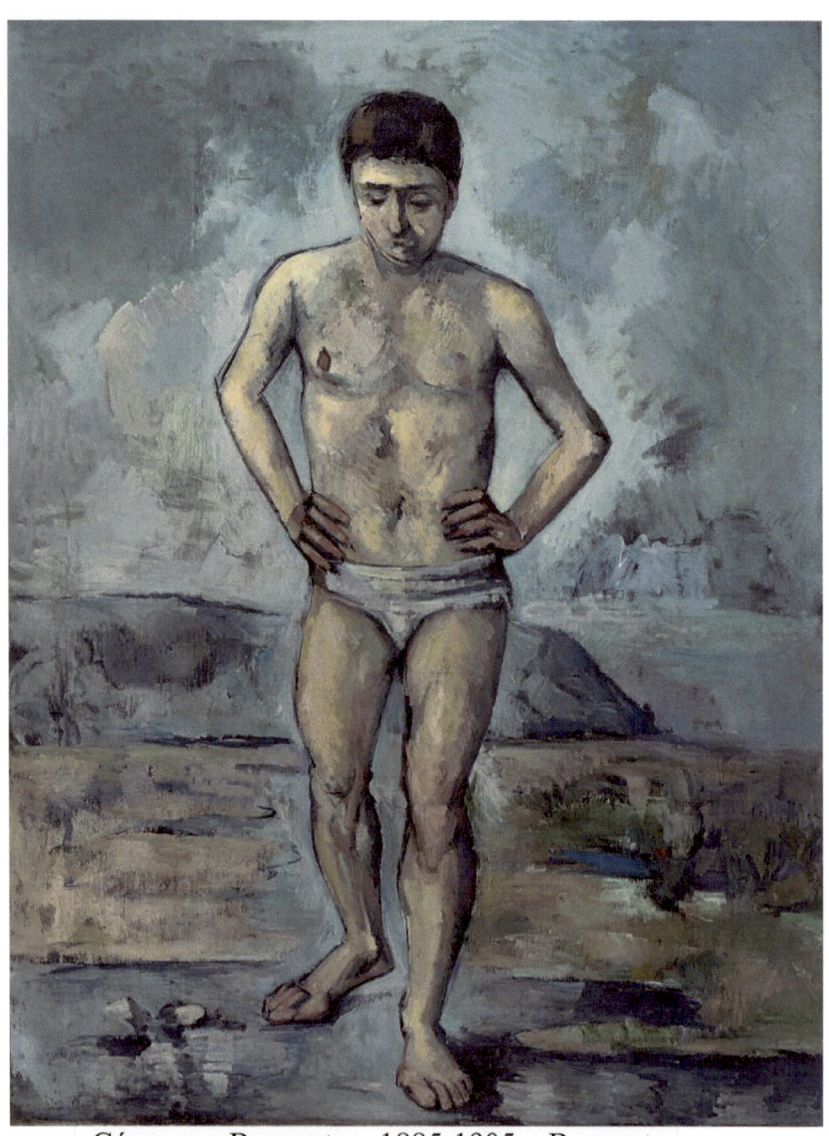

Cézanne, Bagnante, 1885-1905, Bagnante, MoMa, New York.

La serie del Mont Sainte-Victoire

La montagna Sainte-Victoire costituisce il punto di arrivo della ricerca dell'artista sulla rappresentazione della natura e dello spazio. Lavorò a questo soggetto per oltre 20 anni, realizzando decine di disegni, schizzi, dipinti a olio, acquerelli. Alla montagna, Cézanne dedicò circa 40 opere, tra il 1904 e il 1906. Il lavoro fu lento e rigoroso, in parte en plein air ed in parte in studio. In questi dipinti innumerevoli pennellate disposte secondo un ritmo verticale, creano l'idea di profondità e danno forma al paesaggio. In alcune parti compaiono zone bianche, corrispondenti alla tela lasciata nuda. I colori sono disposti creando una sorta di mosaico, basato sulle tonalità delle terre e dei verdi. Nelle prime opere della serie, il massiccio roccioso appare compatto e volumetrico e il paesaggio è punteggiato da case di forma geometrica, senza finestre. Gli alberi sono semplificati, quasi sfere e coni: la realtà del paesaggio è ancora facilmente riconoscibile. Dieci anni dopo dipinge la montagna e la pianura accostando tasselli di colore piatto: il loro rapporto, e l'andamento verticale delle pennellate suggerisce la percezione della distanza. I dettagli naturalistici cedono gradualmente il passo a una visione più geometrica e meno realistica. Progressivamente i contorni si fanno meno nitidi, le immagini diventano più sfocate, quasi astratte.

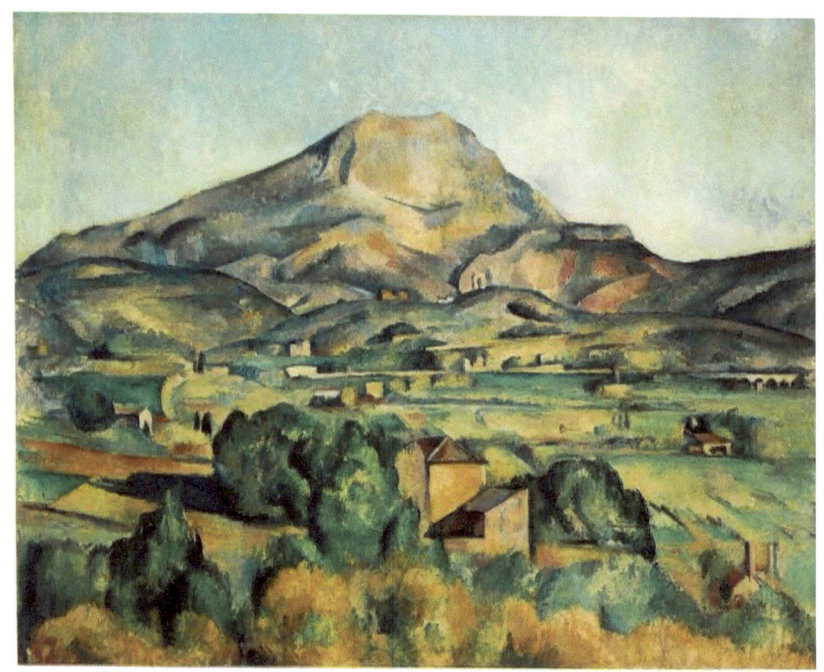

Cézanne, Mont Sainte-Victoire, 1885, Bernes
Foundation, Pennsylvania.

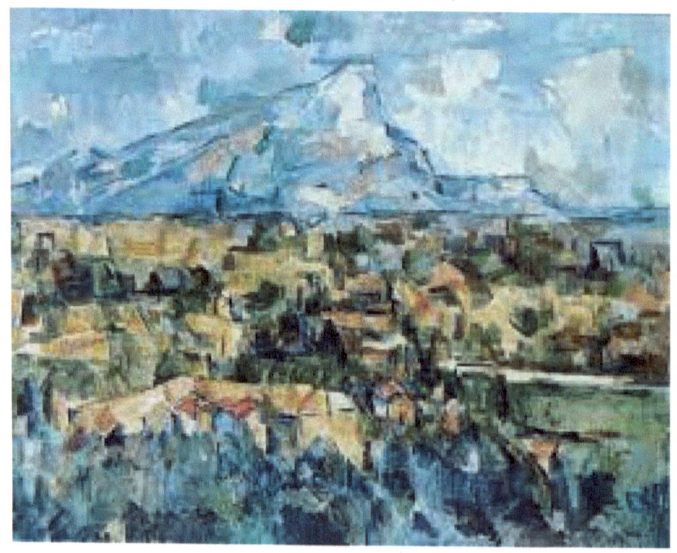

Cézanne, Mont Sainte-Victoire, 1904,
Museum of Art, Philadelphia.

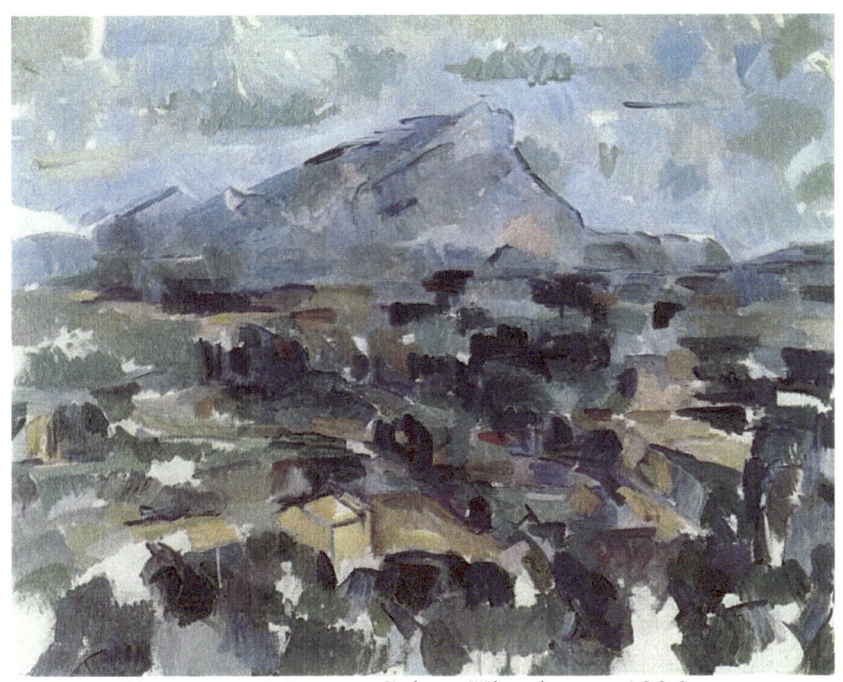

Cézanne, Mont Sainte-Victoire, 1906, Kunsthaus, Zurigo.

Se le bagnanti sono il canto estremo della sintesi Cézanniana, per quanto riguarda la possibile interazione e fusione fra il corpo - quasi come architettura naturale - e la natura, quindi il paesaggio, è certo che il suono, anche solo dal titolo, del Mont Sainte-Victoire è assoluto quando si parla del luogo per eccellenza. Se è vero che durante gli anni dell'orientalismo della seconda parte dell'Ottocento francese, si parlava del Monte Fuji come il monte assoluto, quasi simbolo della pittura orientale e giapponese in particolare, la Sainte-Victoire diventa il simbolo assoluto della nuova pittura occidentale. Non è una serie, è un'ossessione. Nel Sainte-Victoire cadono addirittura i piani, non ci sono più le linee di composizione del paesaggio di Provenza. Questo tipo di pittura avrà un forte impatto sui nuovi giovani, basti pensare a Braque e a Picasso. Addirittura i pittori si recano all'Estaque, tanto dipinto da Cézanne, compiendo una sorta di pellegrinaggio nei luoghi di Paul, alla ricerca di una nuova chiave di pittura nella luce di Cézanne. Il Sainte-Victoire è effettivamente Cézanne, anzi si potrebbe dire che Cézanne il Sainte-Victoire, perché tutto si è perduto e tutto si è perfettamente fuso ed eternato, diventando un senso assoluto di astrazione. Il cielo, in realtà, viene a mescolare tutti i suoni di natura. C'è del verde sospeso. Sono, forse, ricordi di una natura che viene evocata nello spazio come se fosse volante o forse sono delle nuvole verdi. Assoluta è l'idea di fondere e mai di confondere, è assoluta l'idea di astrarre e di elevare una simbologia concettuale che squaderna completamente tutta la pittura, superando l'impressionismo e creando una grande concezione nella pittura futura. Le case hanno perso di volume e scendono e salgono inerpicandosi sui piani di questa campagna che in realtà è fatta di rocce, è fatta di nuovi ulivi ed è fatta di fusione assoluta di piani. La composizione non è geometrica, ma, come dicevano, forse stringendo gli occhi come miopi riusciamo a vedere questo mondo come se galleggiasse in un caleidoscopio, vibrando sospeso ed eternamente mutevole. Cézanne, guardando anziano la montagna, dice come ultima testimonianza "Saint-Victoire, guardate questo posto, che slancio, quale sete imperiosa di sole e quale malinconia la sera. Tutto, la sera, tutto quel peso precipita. E poi, d'origine i suoi blocchi, ricordiamo, erano di fuoco". E in essi il fuoco vi è ancora, lo stesso fuoco, lo stesso dubbio, l'arrovellarsi assoluto di un pensiero altissimo isolato ed eterno che troviamo sempre nella pittura di Cézanne.

Biografia dell'autore

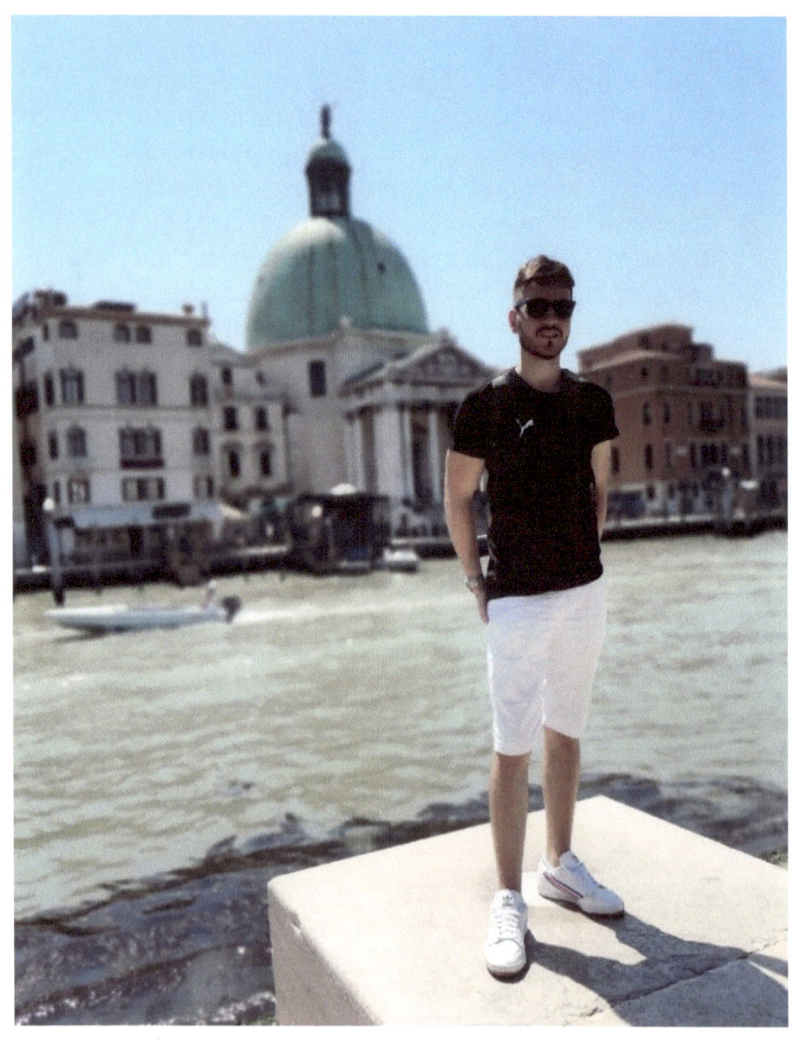

Nato a Gela (CL) il 25/03/1997, Dario Romano è laureato in Lingue e Culture Moderne all'università Kore di Enna ed è un esperto dell'arte ed amante della natura e delle materie umanistiche. Ha già scritto numerose collane e libri su periodi storici artistici e architettonici come il Rinascimento, il Barocco ed il Neoclassicismo e su artisti come Tiziano, Canova, Caravaggio, Velazquez, Canaletto, Tiepolo, Rembrandt, Rubens e tantissimi altri. Dario ha lavorato come guida su Leonardo da Vinci alla mostra "Leonardo ed il genio del volo" che si è tenuta presso il teatro Eschilo di Gela nel 2023, occupandosi del lato ingegneristico-architettonico del periodo storico del Rinascimento e delle figure di Vitruvio, Leonardo da Vinci e contemporanei. Alla passione per la lingua spagnola, la musica (compone e suona la chitarra elettrica per hobby) e i viaggi culturali in città d'arte ed in luoghi naturali, unisce quella della scrittura di libri di arte e di bellezze naturali. Dario è anche proprietario e fondatore del blog Arte Divulgata, uno spazio in cui si impegna a divulgare, criticare e analizzare l'arte, spesso anche in relazione ad altre forme d'arte come la letteratura e tante altre, attraverso dei confronti tra artisti.

www.ingramcontent.com/pod-product-compliance
Lightning Source LLC
Chambersburg PA
CBHW040312010626
45792CB00022B/178